# En guerra por la vida

## Crisis climática y transformación social

Josep Cabayol i Virallonga

# En guerra por la vida

## Crisis climática y transformación social

Josep Cabayol i Virallonga

MONTABER

*Colección:* Crítica y ensayo
*Director:* David Soler

**En guerra por la vida**
**Crisis climática y transformación social**
1a edición, 2023



*Edita:* Montaber – Marge Books
Brutau, 160 – 08203 Sabadell (Barcelona)
Tel. 931 429 486 – montaber@montaber.es
www.montaber.es

*Edición:* Núria Gibert
*Compaginación:* Mercedes Lara
*Impresión:* Safekat, SL (Madrid)

ISBN edición impresa: 978-84-19109-55-2
ISBN edición digital: 978-84-19109-56-9
Depósito Legal: B 9581-2023

El papel empleado en este libro no ha sido blanqueado con cloro elemental ($Cl_2$).

*Para prosperar no debemos crecer.*

# Índice

## Nota de la editorial

El contenido de este volumen está formado por un texto inédito, el primer capítulo, y por otros procedentes de diversas fuentes. Los medios de comunicación y fechas donde fueron publicados originalmente son los siguientes:

- El diario de derechos y pensamiento crítico *Catalunya Plural* (https://catalunyaplural.cat/es/) publicó:

  - "2023-2025, un bienio negro para imponer un *shock* climático" (21 de enero de 2020).
  - "Emergencia climática: una guerra contra la vida" (28 de marzo de 2022).
  - "La naturaleza es nuestra salvación, pero solo si la reservamos" (30 de marzo de 2022).
  - "La energía, clave para mitigar o acelerar la crisis climática" (8 de abril de 2022).
  - "Cómo la invasión de Ucrania pone en evidencia la fragilidad alimentaria del planeta" (20 de abril de 2022).
  - "El gran riesgo de negar o manipular la evidencia" (3 de agosto de 2022).

- La revista *15/15\15* (https://www.15-15-15.org) publicó la versión en castellano de:

  - "Clima y pandemia: la suma de emergencias" (14 de febrero de 2021) que, anteriormente, había sido publicado originalmente en tres capítulos en *Catalunya Plural.* (Esta revisión corre a cargo de Moisés Casado y Manuel Casal.)

- "El bien común o el extremismo capitalista" fue publicado por *El Crític* (3 de agosto de 2017), un medio especializado en periodismo de investigación (https://www.elcritic.cat/).

En esta edición se han actualizado algunos datos y se han corregido convenciones gráficas de los textos, manteniendo el espíritu de los originales. En cuanto al artículo inédito, los datos han sido actualizados por Ester González.

Queremos agradecer la colaboración de los medios de comunicación y de las personas que han posibilitado este volumen.

Ilustración: Pol Rius.

# Josep Cabayol, el periodismo como rebelión personal

Cabayol, nacido el 5 de junio de 1952 en Barcelona, y residente de Cardedeu, es un periodista hecho a base de revoluciones personales.

Durante su vida profesional tendrá que enfrentarse al pensamiento único y a la verdad única, a los marcos de interpretación inmutable sobre qué somos y hacia dónde vamos. Incluso jubilado, no le dejarán decir lo que piensa si lo que cuestiona es el capitalismo y la necesidad que tiene el sistema económico de crecer para reproducirse. Sin embargo, estabilizadas sus publicaciones (datos, estudios, reflexiones, pensamiento crítico, debate democrático) en *Catalunya Plural*, es hora de reconocer su conocimiento adquirido con la maestría de científicos que le han enseñado y acompañado en programas de radio, artículos, informes (Marta Rivera, Javier Martín Vide, Francisco Doblas, Marc Prohom, Antonio Turiel, Ferran Puig Vilar, Daniela del Bene, Jordi Solé, Gabriel Borràs, Robert Savé, Jordi Serra

Cobo, Olga Margalef, Joan Benach, Itziar González Virós, Antoni Segura, Màrius Martínez, Mònica Vargas, Miguel Pajares,...), y en los documentales de los que ha sido director o productor ejecutivo, como *La plataforma* (derecho a la vivienda), *La salut, el negoci de la vida* (derecho a la salud), *La meva pell* y *Descendents* (todos somos iguales), y *50 grados* (crisis climática, de salud, alimentaria, energética, derecho a migrar).

En Ràdio 4 tendrá su propio programa *Emergència climàtica* y colaborará en otros como especialista en cambio climático, el último de los cuales fue *Vida Verda.*

En diciembre de 1994, le encargan la puesta en marcha, como subdirector y jefe de redacción, de los Servicios Informativos de la futura COM Ràdio, que entonces aún no tiene un nombre definitivo. Esos dos años marcarán su futuro. La red de emisoras nunca podrá ser lo que le habían dicho que sería porque los políticos, a pesar de las bellas palabras, nunca quisieron que fuera así (palabras vacías). Por el contrario, fue reprendido por perseguir los objetivos fundacionales. Una historia que, a partir de entonces, le perseguiría, por una causa u otra, pero siempre de naturaleza política, en los años siguientes.

Cabayol regresa a TVE como redactor jefe, y después de hacer un traje a medida (reportajes glorificadores) a la Infanta Cristina cuando se casa, se da cuenta de que está harto de este periodismo servil (y no se puede quejar porque es "jefe" por dinero) que se hace incluso en los medios públicos pagados con dinero de todos.

Es entonces cuando decide regresar a los orígenes, a Ràdio 4 (antes había trabajado en COPE Reus), donde comenzó su carrera. Eran los inicios de este siglo XXI, y él prefiere dirigir un programa hecho en una emisora de poca audiencia, pero donde le dejen trabajar, que no "ser usado y figurar" en una televisión, casi siempre impersonal y distante.

Eso sí, en 2002, cuando vuelve a Ràdio 4, lleva en la cartera temas que ha estudiado últimamente, no habituales en los programas tipo de las radios oficiales, que quiere exponer y compartir con los oyentes: educación, medio ambiente, energía, internet, solidaridad, política, este mundo no es el único posible.

Al poco tiempo de estrenar *Gent de món* en septiembre de 2001, ocurren los ataques del 11 de septiembre de 2001. La gravedad de los hechos y sus repercusiones cambian sus planes. A pesar de las guerras, sin embargo, no deja de hablar de la Paz como método para resolverla. Y aprende, porque sabe que se quedará sin programa. Y así fue. Tendrá que esperar una temporada haciendo deportes. Finalmente, llega el momento de hacer *Agenda*, situando la energía, el medio ambiente, la salud planetaria y la solidaridad (todas somos iguales), como los espacios-estrella que se convertirán en los ejes de investigación que conformarán los trabajos periodísticos de Cabayol una vez jubilado.

Hasta su jubilación, en 2008, sin embargo, será víctima de todo tipo de obstáculos y trampas puestas por "dirigentes profesionales", dedicados a obstruir el trabajo de periodistas que no se creen la cosmovisión oficial y abren a la audiencia a pensar a través de otro marco interpretativo.

Josep Cabayol i Virallonga falleció el 8 de agosto de 2022.

# Recursos

- Documentales cuyo director o productor ejecutivo ha sido Josep Cabayol:

*50 GRADOS*

Documental sobre crisis climática, de salud, alimentaria, energética y derecho a migrar, que ofrece una visión sobre qué supone el cambio climático y las amenazas que se derivan: aumento de la temperatura, del nivel del mar, de la intensidad y frecuencia de las tormentas, debate territorial energía- alimentación, procesos de retroalimentación, puntos de no retorno y migraciones climáticas.

Estreno: Octubre de 2021 | 74 min | https://www.sicom.cat/50graus/
https://www.entrepueblos.org/publicaciones/50oc/

*DESCENDENTS | DESCENDIENTES*

Documental protagonizado por hijos e hijas de personas migrantes africanas, asiáticas, latinoamericanas que vinieron a Cataluña y que ahora forman parte de ella. Muestra las adversidades vividas en primera persona y sobre todo su capacidad para transformar estas realidades haciendo de la diferencia y la diversidad un valor.

Estreno: Octubre de 2020 | 60 min | https://www.sicom.cat/descendents/

*LA MEVA PELL | MI PIEL*

Documental que reflexiona sobre la migración, poniendo el foco en la acogida desde el punto de vista de la mujer como superviviente de una doble discriminación, como migrante y como mujer. Se reivindica el derecho a migrar poniéndonos en la piel de ocho mujeres que han ejercido su derecho a la libre movilidad.

Estreno: Junio de 2019 | 1 h 33 min | https://lamevapell.cat/

*LA SALUT, EL NEGOCI DE LA VIDA | LA SALUD, EL NEGOCIO DE LA VIDA*

Proyecto de periodismo de investigación y preventivo, formado por distintas producciones audiovisuales. Un profundo análisis de las causas y responsables de la situación del sistema sanitario en Cataluña: determinantes de la salud (género, pobreza, clase social, lugar de nacimiento, trabajo, vivienda, alimentación, medio ambiente), exclusión social, privatizaciones, recortes, dependencia, copago, corrupción, dictadura farmacéutica.

Estreno: Junio de 2013 | https://www.sicom.cat/blog/la-salut-el-negoci-de-la-vida/

*LA PLATAFORMA*

Documental sobre la historia, actividades y reivindicaciones de las plataformas de afectados por las hipotecas: paro de desahucios, dación en pago y alquiler social, y lucha por una nueva ley de la vivienda, vía iniciativa legislativa popular.

Estreno: Abril de 2012 | 53 min | https://www.filmin.es/pelicula/laplataforma

- En cuanto al medio radiofónico, Josep Cabayol colaboró en diversos programas, sobre todo de Ràdio 4; os invitamos a seguir los últimos en los que participaba y que siguen en antena:

*VIDA VERDA | VIDA VERDE*

Una hora de ecología con especial atención a la justicia ambiental y la emergencia climática. Sección dirigida per Pilar Sampietro Colom, donde colaboraba Cabayol, con informaciones los jueves dentro del programa *Avui Sortim*, de Ràdio 4.

https://www.rtve.es/play/audios/vida-verda/

Homenaje Cabayol: https://www.rtve.es/play/audios/vida-verda/homenatge-josep-cabayol/6668465/

*MÓN POSIBLE | MUNDO POSIBLE*

Los domingos en Ràdio 4, programa para dar voz a colectivos que sufren las embestidas crueles de la crisis, la pobreza y las injusticias; para conocer la labor de organizaciones en favor de la justicia social, la solidaridad y un mundo mejor. Dirigido por Olga Rodríguez.

https://www.rtve.es/play/audios/mon-possible/josep-cabayol-in-memoriam/6688860/

Josep Cabayol, *in memoriam:* https://www.rtve.es/play/audios/mon-possible/josep-cabayol-in-memoriam/6688860/

# Prólogo

Este libro quiere poner en valor la labor, con frecuencia anónima, de las personas que sienten una pulsión vital que las insta a tomar conciencia de su responsabilidad social. Gente que se rebela frente a quienes "nos han declarado la guerra", como advertía Joan Manuel Serrat en su canción *Pare*, en 1973, y que han llevado al planeta a una situación de emergencia climática. Esos entes belicosos no son anónimos, se trata de una élite dominante, con nombres, apellidos y empresas, que impone su estatus con todos sus recursos económicos, políticos y culturales.

Un ejemplo de esa labor es la del autor de este libro, Josep Cabayol. Su pensamiento y actividad política se expresaron a través de múltiples iniciativas en el ámbito del periodismo, en medios como la radio, la prensa escrita y la digital, y la producción de documentales. Sus actividades profesionales previas le brindaron numerosos espacios de experimentación y aprendizaje que, posteriormente, supo poner al servicio de inquietudes propias y de movimientos sociales, amparado siempre en un profundo conocimiento de la realidad y el uso de una metodología rigurosa en la elaboración de los contenidos que estaba decididamente comprometido en difundir.

El colectivo Sicom (Solidaritat i Comunicació), que presidía, fue su principal instrumento para dar forma a iniciativas en el ámbito audiovisual, pero también para dar apoyo a otros muchos proyectos que necesitaban el registro y la difusión de sus actividades. Ante una necesidad, sin tener claro cómo se resolvería, Cabayol tenía la habilidad de contagiar su entusiasmo a su círculo más cercano para conseguir recursos y de comprometerse a sí mismo hasta la médula.

Su mayor compromiso en la última década fue hacer frente a la emergencia climática. Y lo hizo con la herramienta más revolucionaria a su alcance: el periodismo, al que añadió grandes dosis de imaginación y didáctica, que lo llevaron a impulsar iniciativas destacadas. Quiero recordar la de una maratón de 12 horas[1] con 50 personas de distintos ámbitos científicos, que expresaron en sendos parlamentos una realidad climática que los medios de comunicación institucionales o privados todavía hoy se niegan a exponer en toda su crudeza. Cabayol rompió ese silencio con la producción de audiovisuales como *50°*, con numerosas presentaciones públicas y miles de visualizaciones en las redes sociales.

De acuerdo con Cabayol, la emergencia climática no es un problema técnico sino estructural, que emana de las dinámicas productivistas del capitalismo y de los modelos de consumo que nos impone. Por ello, los capítulos de este libro cuestionan el capitalismo y la necesidad que tiene su sistema económico de crecer para reproducirse. Crecer y crecer hasta reventar. Coincide con la filósofa Marina Garcés en que hay que seguir la pista del dinero, *follow the money*, para entender ese mundo en el que las élites pretenden hacer creer que entre ellas y el resto de la humanidad hay un conflicto entre modelos. En realidad se trata de una guerra entre clases sociales y sus intereses.

Cabayol tenía plena conciencia del lado en el que jugaba y no dudó en apoyar activamente movimientos sociales defensores del derecho a la vivienda, la educación, la alimentación, la sanidad y la migración, o contra la construcción de megainfraestructuras, la corrupción en las

[1] Jornada "Realitat climàtica = Emergència social", 6/4/2019, en el Espacio Vecinal Calàbria 66 (Barcelona): https://www.youtube.com/watch?v=rDOWzZFBDRk&t=392s.

instituciones o la represión de la libertad de expresión. Como tampoco dudó en acompañar experiencias de gobernanza y autoorganización social, como Parlament Ciutadà, o de autoorganización económica, en el ámbito de la economía social y solidaria.

Sin adscribirse a ninguna formación política, politizó su vida como una manera de impulsar una rebelión personal transformadora. "La militancia o bien es existencial, o no es realmente militancia", escribe Santiago López Petit en *El gesto absoluto*.[2] Para este filósofo, "El activista funciona dentro del marco de lo establecido. El militante sabe que no existe una separación entre el dentro y el fuera, pero insiste en apuntar siempre hacia afuera, y porque politiza toda su existencia, no admite trampas ni autoengaños. Aborda lo esencial, lo que verdaderamente importa. El activismo cansa. La militancia jamás porque en ella vida y política se funden". A través de estas páginas también se quiere reivindicar y compartir esa manera de entender la militancia.

En el último capítulo de este libro, publicado solo unos días antes de su fallecimiento, el autor se rebela contra el periodismo servil, el que presenta los hechos sin analizar ni dimensionar las causas, para negar la evidencia y vivir en la sociedad del autoengaño; en definitiva, el que nos aleja de la necesidad de tomar conciencia de lo que realmente sucede: "Algunos autores, como Robert Proctor, definen el autoengaño como la 'construcción social de la ignorancia' —ignorancia entendida como aquello que no es cierto—. Cuando se activa este fenómeno, la certeza de los hechos se disuelve y, en consecuencia, nos desconectamos de la realidad".

En última instancia, Cabayol nos invita a un acto de responsabilidad social: "De todos nosotros depende si queremos continuar sometidos a la minoría de edad autoimpuesta o preferimos, como ciudadanos adultos



[2] *El gesto absoluto, El caso Pablo Molano: una muerte política*, Santiago López Petit. Pepitas de calabaza, Logroño, 2018.

y libres, escuchar la realidad, entenderla y poner remedio, cueste lo que cueste. De si preferimos mirar hacia otra parte o cumplir con nuestro deber de ciudadanos y exigir actuaciones inmediatas. Sea en el ámbito que sea. Únicamente de nosotros depende ser individuos cobardes con la cabeza gacha o ciudadanos responsables y exigentes con los derechos, pero también con los deberes. En ello nos va la supervivencia".

Así es como este libro pone en valor que es necesario seguir ampliando el conocimiento sobre las transformaciones que está sufriendo nuestro planeta, pero también que es imprescindible decir ¡basta! a los poderes económicos y políticos, y forzarlos a actuar con urgencia para parar radicalmente la destrucción de los ecosistemas. Y nos propone, frente a la emergencia climática, a través de una profunda transformación social, una guerra por la vida.

David Soler
*Editor*

# Presentación

La última etapa periodística y activista de Josep Cabayol estuvo muy centrada en la explicación y la denuncia de las causas y consecuencias de la emergencia climática que sufre la humanidad. Dejó constancia de ello en los numerosos artículos que publicó, los programas de radio que lideró o en los que colaboró y, finalmente, en el documental *50 grados* que dirigió. Se convirtió en un referente de la información sobre cambio climático que se realizaba en nuestro país y en un interlocutor imprescindible para los mejores y más comprometidos expertos en la materia.

En los archivos de Ràdio 4 encontraréis los audios de sus intervenciones en los diferentes programas en los que participó y del que dirigió con el título, precisamente, de *Emergencia climática*. Del documental *50 grados* encontraréis toda la información en el portal de Solidaritat i Comunicació-SICOM, asociación de la que era presidente (sicom.cat/50 grados). En el libro que tenéis en vuestras manos se recogen nueve de los artículos que dedicó a la cuestión que más le preocupó en los últimos años de su vida.

Se trata de ocho artículos publicados en Catalunyaplural.cat, elcritic.cat y 15-15-15.org y uno inédito, "Estado del cambio climático: emergencia climática" que abre el libro. Cabayol entendía que la emergencia climática afectaba a todos los ámbitos de la sociedad. Y habla de ello en los artículos que lo componen. La pandemia, el capitalismo, las guerras, la energía, la alimentación, la biodiversidad, la salud,... en todas partes dejan su impronta y amenaza los efectos del cambio climático causado por el ser humano.

Josep Cabayol lo explicaba en artículos largos, elaborados, cuidadosos y rigurosos al máximo. Los repasaba hasta un segundo antes de que el editor correspondiente le pidiera, casi le implorara, la redacción definitiva. Y, una vez publicados, no era raro que pidiera retocar algún dato que había cambiado u obtenido a última hora.

Los artículos están publicados en la fecha que se especifica en la Nota de la Editorial de la página 10. Se ha respetado su contenido y solo se han puesto al día los datos del que quedó inédito y se ofrece actualizado en este libro.

Fue de los periodistas pioneros en nuestro país en advertir de los terribles efectos que tenía y tendría la emergencia climática. Huía del tremendismo apocalíptico pero señalaba que la humanidad caminaba hacia el colapso y que había que tomarse en serio las medidas para mitigar los efectos del cambio climático y adaptar nuestra sociedad y nuestros hábitos sociales a los cambios que inexorablemente comportará.

Su advertencia, fruto de un esfuerzo periodístico de agradecer, queda reflejada en este libro. Hay que tenerla en cuenta y, sobre todo, no cruzarse de brazos y rendirse frente a la amenaza real que tenemos como humanidad. Denunciarla y nunca dar el combate por perdido. Nos va la vida en ello. Este era el talante, el espíritu y el mensaje que difundía Josep Cabayol y que encontraréis en estas páginas.

Ester González García
Siscu Baiges Planas
*SICOM – Solidaritat i Comunicació*

# En guerra por la vida

## Crisis climática y transformación social

# Estado del cambio climático: emergencia climática

**No hay ninguna duda científica de que nuestro planeta es mucho más cálido ahora que a mediados del siglo pasado. A finales de 2022, la temperatura media anual de la Tierra había aumentado aproximadamente 1,15 °C desde la era preindustrial (promedio de 1850-1900), según datos de la Organización Mundial de la Meteorología (OMM). Es más, 2022 ha sido el octavo año consecutivo en el que las temperaturas mundiales anuales han superado en al menos 1 °C los niveles preindustriales, según todos los conjuntos de datos compilados por la OMM. Los ocho años más cálidos de los que se tiene constancia son los comprendidos entre 2015 y 2022.**

En Europa, la media es algo superior, +1,2 °C, según los datos recogidos por el satélite Copernicus, que también concluyen que el verano de 2022 ha sido el más cálido que se ha registrado nunca en el territorio europeo. De hecho, en el informe *United in Science* publicado el 9 de septiembre de 2020, ya se advertía de que la pandemia no había frenado el aumento de los gases de efecto invernadero (GEI) de origen antropogénico y de que los siguientes cinco años serían los más cálidos jamás registrados, uno de ellos por encima de 1,5 °C.

Los distintos informes del Grupo Intergubernamental de expertos sobre el Cambio Climático (IPCC) lo diagnostican bien claro: el cambio climático agrava la degradación de la Tierra, la intensidad de las precipitaciones, las inundaciones, la frecuencia e intensidad de la sequía, el estrés por calor, el aumento del nivel del mar, la acción de las olas, el deshielo del permafrost. La causa principal, identificada también en los sucesivos IPCC, son las ingentes emisiones de GEI vertidos a la atmósfera por la actividad humana desde hace doscientos años, cuando se sustituyeron las energías renovables (sol, viento, agua, leña) por fósiles (carbón, petróleo, gas), de gran rendimiento energético. Emisiones que han provocado no tan solo el aumento de la temperatura del aire y los océanos, sino la pérdida prematura de vidas de todas las especies a causa de los fenómenos meteorológicos extremos —medio millón de personas según German Watch—, las temperaturas que superan los límites fisiológicos, y la contaminación y toxicidad que generan (casi nueve millones de víctimas mortales en todo el mundo, más de medio millón en Europa, 46.000 en España).

## *TIPPING POINTS*

Fue en el cuarto informe de evaluación del IPCC cuando por primera vez se citaron los *tipping points*, puntos de no retorno, del sistema climático (TP): umbrales que de sobrepasarse, podrían alterar el equilibrio de la biosfera. Desde entonces, y a la luz de las investigaciones, los TP han adquirido una importancia creciente, al comprender los científicos que son amenazas reales y tan cercanas en el tiempo, que podrían estar ya sucediendo.

En lenguaje popular, los TP serían "la gota que colma el vaso", umbrales en los que un pequeño cambio podría empujar un sistema a un estado completamente nuevo y causar que partes fundamentales del sistema de la Tierra cambiasen dramática e irreversiblemente.

La comunidad científica vigila distintos *lugares calientes* del planeta, que entienden relacionados entre sí biofísicamente. Temen que, en el caso de sobrepasar determinados umbrales de aumento de la temperatura de la atmósfera o los océanos, se desencadene una cascada global de puntos de inflexión que conduzca de manera irreversible a un nuevo estado climático *invernadero* menos habitable. Cada vez se dispone de más pruebas y, aplicando el principio de prevención, proponen investigarlos a fondo y vigilarlos.

En este capítulo nos ocuparemos de los *tipping points* que estarían en una situación más alarmante —se han indicado como [TP] en su epígrafe—: la pérdida de la capa de hielo sobre el continente antártico y la aceleración de la pérdida de hielo en la cuenca de Wilkes de la Antártida oriental, el deshielo ártico, la pérdida del suelo helado de Groenlandia, el deshielo del permafrost y los hidratos de metano, el retroceso de la selva amazónica y de los bosques boreales, el debilitamiento de la circulación atlántica, y la pérdida de los arrecifes de coral, la pérdida de biodiversidad... Otros puntos de no retorno son los cambios en los monzones del África Occidental e indio de verano, la evolución del Sahel, el deshielo de los glaciares alpinos, cambios en la frecuencia y/o virulencia del Niño, el aumento de la respiración bacteriana marina...

Para la elaboración de este capítulo, dos artículos han sido de referencia: *"Explainer: Nine 'tipping points' that could be triggered by climate change"*[1] y *"Climate tipping points. Too risky to bet against"*.[2]

[1] https://www.carbonbrief.org/explainer-nine-tipping-points-that-could-be-triggered-by-climate-change.

[2] https://www.nature.com/articles/d41586-019-03595-0.

## GASES DE EFECTO INVERNADERO

"Los gases de efecto invernadero emitidos por el hombre han provocado un calentamiento inequívoco del planeta a largo plazo" (IPCC, 2019). Y de forma desigual, puesto que el 75 % de las emisiones provienen del G20, mientras que el grupo de los denominados por Naciones Unidas como países menos desarrollados, que incluye a los 47 países más pobres del planeta y con menos desarrollo humano, solo es responsable de un 0,8 % de las emisiones totales.

> Los GEI de origen antrópico proceden sobre todo del uso de las energías fósiles y su derroche

Los GEI han estado siempre presentes en la atmósfera de manera natural. Y son transparentes a la luz solar. La radiación pasa en su mayor parte a través de la atmósfera y calienta la superficie de la Tierra, energía que después emite parcialmente en forma de radiación térmica. Los GEI acumulados impiden que la energía vuelva al espacio exterior al absorber buena parte de ella y la reemiten en todas direcciones, calentando la superficie de la tierra y el mar: es el efecto invernadero. Un proceso natural de la Tierra que permite la vida tal y como la conocemos: los acogedores +15 °C de promedio de la atmósfera inferior.

Desde la era preindustrial, la humanidad viene alterando este equilibrio natural, fundamentalmente al quemar combustibles fósiles. Las enormes cantidades de gases así producidos —dióxido de carbono ($CO_2$), metano ($CH_4$), óxido nitroso ($N_2O$), los que tienen más impacto, el ozono troposférico ($O_3$) y los gases fluorados (CFC)— se añaden a las que se liberan de forma natural en la atmósfera —entre ellos el vapor de agua—, aumentando el efecto invernadero y calentando la atmósfera por encima de los niveles que han conformado el desarrollo de la vida.

De no existir el efecto invernadero, la temperatura media de la Tierra hubiera sido bastante más baja. Contrariamente, el exceso de GEI está calentando y alterando la biosfera (sistema formado por el conjunto de los seres vivos del planeta Tierra y sus relaciones) y causando el cambio climático antropogénico que padecemos.

Los GEI de origen antrópico proceden fundamentalmente del uso de las energías fósiles y su derroche: transporte, procesos industriales, construcción, sistemas de calefacción y refrigeración, desforestación, usos del suelo, sistema alimentario —agricultura y ganadería industrial— y generación de residuos, entre otros.

## $CO_2$: SE SOBREPASA LA BARRERA DE LAS 420 PPM

En mayo de 2022, el Observatorio Atmosférico Mauna Loa, en Hawái, de la Oficina Nacional de Administración Oceánica y Atmosférica de Estados Unidos (NOAA por sus siglas en inglés), registró el pico de 421 ppm de $CO_2$ (partes por millón: cantidad de moléculas de $CO_2$ por millón de moléculas de aire excluyendo el vapor de agua), entrando así en un territorio no visto en millones de años. A final de año, la media fue de 420,99 ppm, lo que supone un aumento de 1,8 ppm con respecto a 2021.

La primera medición en Mauna Loa, en 1958, registró 315 ppm. El límite que se considera seguro para no comprometer el futuro es de 350 ppm. Se alcanzó en 1990. Antes de la era preindustrial, no se superaron las 280 ppm. Los niveles de $CO_2$ actuales son comparables al Plioceno, hace entre 4,1 y 4,5 millones de años.

Lo que se mide es el flujo neto, el resultado de restar a la emisión total de $CO_2$ la cantidad que capturan los océanos —el 30 % de las emisiones antropogénicas— y la biomasa que a través de la fotosíntesis absorbe y transforma el $CO_2$ de la atmósfera y expele oxígeno.

## METANO

El metano alcanza el 23 % de las emisiones de carbono. Las emisiones de metano, estables desde 1990 hasta 2006, no han dejado de aumentar desde 2007, un 10 % en este siglo, y añaden mayor complejidad al cambio climático.

En julio de 2020, un grupo de investigadores encabezados por Josep Canadell, publicaron en *The Conversation* el artículo "Las emisiones de metano aumentan: ¿quién tiene la culpa?", advirtiendo que las emisiones de metano procedentes de los combustibles fósiles y la agricultura están aumentando a un ritmo coherente con un aumento de las temperaturas de entre tres y cuatro grados por encima de la era preindustrial a final de siglo.

En 2021, los niveles de concentración de metano en la atmósfera sufrieron el mayor incremento anual desde que se comenzaron a medir en 1984. Según los datos recogidos por el Centro Mundial de Datos sobre Gases de Efecto Invernadero (WDCGG), perteneciente a la OMM, en 2021 la concentración de este gas en la atmósfera fue de 1.908 ppb (partes por billón), un 50 % más que en la era preindustrial.

Una vez en la atmósfera, el metano se mantiene durante nueve años, mucho menos tiempo que el $CO_2$, que lo hace por siglos. Sin embargo, su potencial de calentamiento es 86 veces superior al del dióxido de carbono si tomamos en consideración una media de veinte años.

El 40 % del metano es de procedencia natural (humedales, principalmente en las regiones tropicales y de zonas frías como Siberia y Canadá; de lagos y ríos; de fuentes geológicas naturales...), pero el 60 % proviene de actividades humanas, que lo producen a un ritmo superior al que se destruye en la atmósfera y en los suelos, principalmente de la producción y uso de combustibles fósiles: industria del petróleo y el gas y de las pérdidas que sufren sus infraestructuras (gaseoductos, pozos abandonados por las quiebras de empresas extractoras), de la minería del carbón, del sistema agrario y ganadero industrial (en especial de las emisiones de animales rumiantes, estiércol, vertederos y cultivos de arroz), de la quema de biomasa (leña, incendios) y de los biocombustibles.

## PERMAFROST [TP]

El permafrost es la capa helada de los suelos que contiene material orgánico y que ha permanecido a 0 °C al menos durante dos años consecutivos, aunque la mayoría lo está desde hace miles de años. Ocupa la cuarta parte de la tierra no glaciar en el hemisferio norte, en especial de las regiones árticas y boreales (Siberia, Alaska, norte de Canadá). Con el calentamiento global, el permafrost, durante siglos sumidero natural, se deshiela. Esto facilita que el $CO_2$ y el metano congelado, procedentes de plantas y animales muertos durante miles de años y enterrados bajo el manto helado, afloren a la atmósfera. También saca a los microbios del suelo de la hibernación, lo que les permite descomponer el carbono orgánico del suelo. Un proceso que, a su vez, libera $CO_2$ y, en menor medida, metano. El deshielo del permafrost a gran escala, pues, tiene el potencial de causar un mayor calentamiento climático.

> El permafrost, durante siglos sumidero natural, se deshiela

Bajo el permafrost, hay el doble de carbono que en la atmósfera. Los autores del estudio mencionado,[1] que alcanza hasta 2017, no han observado ningún crecimiento significativo de las emisiones de metano procedentes del deshielo del permafrost, pero recomiendan vigilancia terrestre, aérea y satelital para conocer qué sucede en realidad. No obstante, en el *Artic Program* de la NOAA[3] se sostiene que el deshielo

[3] https://arctic.noaa.gov/Arctic-News/ArtMID/5556/ArticleID/321/Welcome-to-NOAAs-Arctic-Program-Website.

del permafrost en todo el Ártico podría estar liberando a la atmósfera entre 300 y 600 millones de toneladas de carbono neto al año. Ted Schuur, autor principal del capítulo sobre el permafrost, afirmaba en el *Washington Post* el 10 de diciembre de 2019, que el Ártico puede haber llegado al punto de inflexión y estar emitiendo millones de toneladas de carbono al aire, iniciándose la tan temida retroalimentación.[4]

## ÍNDICE AGGI

Más del 90 % del calor adicional del sistema climático se almacena en los océanos, debido a su gran capacidad calorífica.

El efecto combinado sobre el calentamiento global de todos estos GEI en la atmósfera y los océanos lo mide el *índice AGGI* de la NOAA, creado en 2006. Rastrea las concentraciones de GEI de origen antrópico para después calcular el calor que su concentración agrega a la atmósfera y los océanos. Al AGGI de la era preindustrial, basado en la concentración de $CO_2$ en aquella época, se le atribuyó el nivel 0. A la concentración de GEI en 1990, año en que se aprobó el protocolo de Kioto, se le dio el valor 1. En 2021, el índice AGGI aumentó hasta un valor de 1,49.[5] Se necesitaron más de dos siglos para que el valor AGGI aumentara un 100 % y pasara de 0 a 1. En cambio, solo han hecho falta tres décadas para aumentarlo en casi un 50 %. Y ha alcanzado el calor equivalente a una atmósfera que contuviera 500 ppm de $CO_2$ de manera constante.

[4] https://www.washingtonpost.com/weather/2019/12/10/arctic-may-have-crossed-key-threshold-emitting-billions-tons-carbon-into-air-long-dreaded-climate-feedback/.

[5] https://www.esrl.noaa.gov/gmd/aggi/aggi.html.

"La salud de los ecosistemas, de los que nosotros y todas las demás especies dependemos, se está deteriorando a una velocidad nunca antes vista. Estamos erosionando los cimientos de las economías, los medios de vida, la seguridad alimentaria, la salud y la calidad de vida en todo el mundo", dijo Robert Watson, presidente de la Plataforma Intergubernamental independiente Científico-Normativa sobre Biodiversidad y Servicios Ecosistémicos (IPBES), en la presentación del informe de 2019. (Son *servicios ecosistémicos* los "beneficios que un ecosistema aporta a la sociedad" y que mejoran la salud, la economía y la calidad de vida de las personas.)[6]

En síntesis, se sostiene en IPBES que los ecosistemas, las especies, las poblaciones silvestres, las variedades locales y las clases de plantas y animales domesticados se están reduciendo, deteriorando o desapareciendo. La red esencial e interconectada de la vida en la Tierra se está haciendo cada vez más pequeña y segmentada. Veamos algunos datos:

- De los ocho millones de especies animales y vegetales que conocemos en la Tierra, alrededor de un millón están en peligro de extinción. Alrededor del 25 % de las especies de plantas y animales evaluadas tienen su futuro amenazado.
- La abundancia promedio de especies nativas en la mayoría de los hábitats terrestres principales ha disminuido en al menos un 20 % desde 1900.
- Más del 40 % de las especies de anfibios, el 33 % de los corales formadores de arrecifes y más de un tercio de todos los mamíferos

[6] https://ipbes.net/sites/default/files/2020-02/ipbes_global_assessment_report_summary_for_policymakers_es.pdf.

marinos, están amenazados. La imagen es menos clara para las especies de insectos, pero la evidencia disponible estima que el 10 % están amenazadas.

- Al menos 680 especies de vertebrados se han extinguido desde el siglo XVI. Y más del 9 % de todas las especies domesticadas de mamíferos utilizados para la alimentación y la agricultura se habían extinguido en 2016. Mil más están amenazadas.
- El 75 % del medio ambiente terrestre y dos tercios del marino han sido alterados significativamente por acciones humanas.
- El 33 % de las especies marinas están siendo sobreexplotadas. El 60 % está en el límite. Solo se captura el 7 % bajo niveles de sostenibilidad.
- El 33 % de la superficie terrestre y el 75 % del agua dulce se dedican a la producción ganadera o agrícola, que ha aumentado en un 300 % desde 1970.
- Un total de 60.000 millones de recursos renovables y no renovables se extraen cada año a escala mundial.
- Entre 300 y 400 millones de toneladas de metales pesados, disolventes, se vierten anualmente en las aguas del mundo.
- Los fertilizantes han causado más de 400 "zonas oceánicas muertas".
- La contaminación por plásticos se ha multiplicado por diez desde 1980.
- Las áreas urbanas se han más que duplicado desde 1992.

Todas estas realidades se agravarán a no ser que se adopten medidas para reducir la intensidad de los impulsores de la pérdida de biodiversidad: cambio de uso de la tierra y el mar, explotación directa de los organismos, cambio climático, contaminación, y la ocupación por especies invasoras.

## OCÉANOS

"Las rápidas alteraciones que experimentan los océanos y las zonas congeladas de nuestro plantea obligan a multitud de personas —desde los 680 millones de zonas costeras de baja altitud (megaciudades, grandes deltas), hasta las 670 millones que viven en la alta montaña, pasando por los 65 millones que viven en estados insulares (atolones urbanos) y los 4 millones que viven en comunidades de las regiones árticas— a modificar de forma radical sus modos de vida", afirmó Ko Barret, vicepresidenta del IPCC, el 25 de septiembre de 2019, en la presentación del informe especial del IPCC titulado *El océano y la criosfera en un clima cambiante*.

## EL CALENTAMIENTO DEL OCÉANO ES IRREFUTABLE

El año 2022 ha sido el más cálido en los océanos (especialmente en los 2.000 metros superiores) de la historia humana. De hecho, los últimos diez años han sido los más cálidos, según se afirma en *Advanced in Atmosferic Sciences*.[7]

Los océanos se calientan sin interrupción desde 1970 y han absorbido más del 90 % del exceso de calor del sistema climático. Desde 1980, han absorbido entre el 20 y el 30 % del total de emisiones antropogénicas de $CO_2$, lo que ha acidificado las aguas.

Además, el calor concentrado en los océanos durante los últimos 25 años, muy preocupante porque equivaldría al que se desprendería con la explosión de 3.600 millones de bombas atómicas como la de Hiroshima, implica el aumento del nivel del mar, que el agua se evapore más rápidamente y contribuya a desencadenar fenómenos meteoroló-



[7] https://link.springer.com/article/10.1007/s00376-023-2385-2.

gicos aún más extremos, y que especies marinas no puedan adaptarse suficientemente rápido y estén amenazadas de extinción.

## NIVEL DEL MAR

El nivel del mar se eleva por la fusión de los mantos de hielo en Groenlandia y la Antártida. También por la pérdida de masa de los glaciares y la expansión térmica —el agua se dilata y ocupa más volumen— del océano.

El nivel de las aguas no deja de elevarse desde 2011. Entre 21 y 24 cm desde 1880, según la NOAA. A un ritmo de 3,6 mm anuales, según el IPCC. En el escenario más optimista, a final de siglo, el nivel del mar subirá entre 36 y 60 cm, mientras que el más pesimista lo eleva a 1,10 metros. La comunidad científica estima que cada 2,5 cm de subida del nivel del mar se traducen en 2,5 metros de línea de playa perdidos a lo largo de una costa promedio.

## CAMBIOS Y DAÑOS EN LOS OCÉANOS

La fusión de los glaciares y los mantos de hielo terrestres provocan no solo la subida del nivel del mar, sino también la expansión de las aguas cálidas en los océanos. Los océanos, sumideros de carbono que absorben entre el 30 y el 40 % de las emisiones de $CO_2$ antropogénico, se están calentando, la acidez ha aumentado más de un 30 % desde la era preindustrial y los ecosistemas y las especies que lo habitan están sufriendo un fuerte y negativo impacto (en sus tasas de crecimiento, reproducción, resistencia a las enfermedades e imposibilidad de adaptarse a las nuevas condiciones, hipoxia y zonas muertas, entre otros).

Todo ello, agudizado por las distintas formas de contaminación (plaguicidas, herbicidas, fertilizantes químicos, detergentes, hidrocarburos, aguas residuales, plásticos y otros sólidos). En el Pacífico Norte, hay una concentración de plástico en descomposición de unos 1.660 km$^2$. El descubrimiento en 2020 de una especie del fondo oceánico parecida a un camarón, con su organismo contaminado con plástico (la han llamado *Eurythenes plasticus)*, no hace sino confirmar el desastre. Además, la eliminación de estas enormes cantidades de plástico generaría una monumental emisión de $CO_2$ a la atmósfera.

Muchas naciones insulares dejarán de ser habitables

El aumento de la temperatura reduce el oxígeno disuelto y la mezcla de capas de agua y, como consecuencia, el suministro de oxígeno y nutrientes. Esto altera la vida marina, en particular la de los arrecifes de coral y otros organismos sensibles a las condiciones físico-químicas del agua.

La pérdida de oxígeno, junto con la acidificación debida a la absorción de $CO_2$, causa daños drásticos en los ecosistemas, cambios de alto riesgo que perjudican la biodiversidad. El calor creciente aumenta la evaporación y la humedad adicional en una atmósfera ya más cálida, altera las corrientes, aumenta la nubosidad y nutre las lluvias (más fuertes), provoca inundaciones y conduce a un ciclo hidrológico y a un clima más extremo (huracanes/tifones/ciclones tropicales, como por ejemplo en Bahamas y Mozambique en 2019), modifica la trayectoria de las tormentas, aumenta el tamaño de las olas, puede cambiar su dirección, y causa la fusión de las placas de hielo flotantes.

Los episodios de nivel del mar extremo —que ocurren durante mareas altas y tormentas intensas—, y que hasta ahora se daban cada cien años, podrían suceder anualmente y en muchas regiones. Las zonas costeras estarán cada vez más amenazadas. Probablemente, muchas naciones insulares dejarán de ser habitables.

El calentamiento de los océanos, la pérdida de oxígeno y los cambios en el hielo marino están ocasionando migraciones de especies hacia latitudes más altas, algo que causará la creación de nuevos ecosistemas. Se reducirán las prestaciones de los servicios ecosistémicos. Las comunidades que dependan en gran medida de los productos alimentarios marinos se verán afectadas en la salud nutricional y la seguridad alimentaria.

Deberán pasar siglos para que la enorme cantidad de calor acumulado en las aguas más superficiales se distribuya y alcance también las profundidades. Y durante el proceso, parte del calor regresa a la atmósfera y refuerza el calentamiento global.

## OLAS DE CALOR MARINAS

Son periodos en los que la temperatura media del agua es excepcionalmente alta durante días o meses en una región de miles de quilómetros cuadrados a causa del calentamiento del aire o el debilitamiento de los vientos. Y, o también, por cambios en la cubierta de nubes o por variaciones en los movimientos de las masas de agua. Según el IPCC, durarán más y serán más frecuentes y extremas. Causarán la tropicalización de las comunidades marinas, la llegada de especies invasoras que desplazarán la fauna local, el aumento de la migración de especies y el incremento de la mortalidad de organismos con movilidad nula o reducida (bivalvos, algas fanerógamas o corales que habitan en aguas poco profundas). Su frecuencia se ha más que doblado en el periodo entre 1982 y 2016. Y se multiplicará por veinte con un aumento de la temperatura de 2 °C.

En 2019, una de ellas, Blob 2.0, se formó en el Pacífico Norte. La investigaron la Universidad Boulder de Colorado y el Instituto Scripps de Oceanografía. Se debió, principalmente, a un debilitamiento prolongado del Sistema de Alta Presión del Pacífico Norte, y registró la temperatura oceánica récord de los últimos cuarenta años: 2,5 °C por encima de lo normal. Con menos viento soplando sobre el océano, hay menos evaporación y menos enfriamiento de la superficie.

El potencial de estas olas podría ser devastador. Entre 2014 y 2016, Blob, que sucedió en la misma zona de Pacífico Norte, incrementó las algas tóxicas, que provocaron la muerte de más de cien millones de bacalaos del Pacífico y medio millón de aves marinas. Las ballenas jorobadas mermaron en un 30 %. También los salmones y los leones marinos. Y el kril, alimento básico en la cadena trófica. La pesca, esencial para muchos países, incluso para la supervivencia, está colapsando.

## ARRECIFES DE CORAL [TP]

El calor provoca el emblanquecimiento de los corales de aguas cálidas. Bajo estrés por calor, los corales expulsan las diminutas algas coloridas que viven en sus tejidos, las zooxantelas, dejando un esqueleto blanco. Las algas proporcionan la energía a los corales. Sin ellas, mueren de hambre lentamente. En los últimos cuarenta años, se ha multiplicado por cinco el blanqueamiento de los corales debido a olas de calor marinas y ha causado la pérdida de, como mínimo, la mitad de los que habitan aguas poco profundas.

El 10 de marzo de 2020, la revista *Nature Communications* publicaba el artículo *"Regime shifts occur disproportionately faster in larger ecosystems"*, en el que se afirma: "Una vez sobrepasado el punto crítico, los arrecifes de coral del Caribe podrían colapsar en quince años". Tales escalas de tiempo decenales son coherentes con las observaciones sobre la cobertura de coral en el Caribe, que disminuyó en un 80 % entre 1977 y 2001 y puede desaparecer por completo en 2035.

Mark Eakin, coordinador del programa Coral Reef Watch de la NOAA, sostiene en *Carbon Brief* que ya se ha alcanzado un punto de inflexión: "Estamos viendo un blanqueamiento severo en todo el mundo y el reciente evento global de 20142017 ha sido devastador para muchos arrecifes". Por ejemplo, la Gran Barrera de Coral, la estructura viva más grande del mundo, ha perdido la mitad de sus corales en solo dos años.

La cobertura de coral en el Caribe podría desaparecer en 2035

La pérdida de peces herbívoros, que eliminan las algas, a causa de la sobrepesca, es también una grave amenaza para los arrecifes que pierden así su capacidad de recuperación.

Los esqueletos muertos son ocupados por macroalgas tropicales, capaces de evitar incluso que puedan ser recolonizados por corales.

Los arrecifes de coral ocupan unos 20.000 km$^2$, en ellos viven la cuarta parte de las especies marinas y de ellos depende el sustento de más de 500 millones de personas, en especial en los países pobres.

## MEDITERRÁNEO

Olas de calor amenazan también la biodiversidad del Mediterráneo. Las más extremas sucedieron en 1999, 2003, 2006 y 2008. Entre otras especies, afectó a la posidonia oceánica, una planta marina endémica del Mediterráneo que forma praderas, con un importante papel en los ecosistemas marinos (reproducción y cría, alimentación y sumideros de $CO_2$) y en las dinámicas litorales (las hojas caducas se acumulan en la playa, le dan estabilidad y frenan la erosión de los temporales).

El verano de 2022, y durante varias semanas, los termómetros marinos marcaron entre 5 °C y 7 °C más de lo habitual. Josep Pascual, observador de L'Estartit, población en la Costa Brava, registró en el mes de agosto de 2022 el récord de temperatura de agua marina en superficie desde que empezó a tomar mediciones: 27,51 °C. En las islas Medas y en el cabo de Creus, por ejemplo, el agua alcanzó los 27 °C. En algunos puntos de la costa francesa se llegaron incluso a registrar 30 °C. Nunca, en más de cincuenta años de datos, se habían registrado valores tan altos. El sobrecalentamiento, causado por un "verano" que prácticamente empezó en mayo y acabó en octubre, provocó que el día 28 de diciembre de 2022 la temperatura del agua del mar en L'Estartit, desde la superficie y hasta 80 metros de profundidad, estuviera 2 °C por encima de la media climática.

Las consecuencias son desastrosas para la biodiversidad de la zona. Joaquim Gabarrou, investigador del Instituto de Ciencias del Mar de Barcelona, explica que algunos paisajes marinos han quedado completamente calcinados, como corales centenarios, de más de un metro de altura, reducidos a un esqueleto: "La situación es trágica. Hay ecosistemas que casi han desaparecido".

En verano el Mediterráneo se calienta un 20 % más que el resto del planeta

Francisco Doblas, director del Departamento de Ciencias de la Tierra del Barcelona Supercomputing Center – Centro Nacional de Supercomputación, explica cómo funciona el Mediterráneo. Los continentes se secan y el Mediterráneo, como mar interior, se calienta más en superficie que, por ejemplo, el Atlántico. En verano sobre todo, tenemos zonas continentales que se secan y que cada vez tienen menos capacidad de atemperar el impacto de un aumento de temperatura, con lo cual, al tener menor humedad disponible, la superficie de los continentes se calienta más. Eso hace que en verano el Mediterráneo se caliente un 20 % más que el resto del planeta. Como en el Ártico, surge un proceso de retroalimentación positiva. Si el resto del planeta también se calienta más de lo previsto, el impacto se añadirá a la propia singularidad de la región mediterránea, que devendrá así mucho más cálida de lo calculado, algo que se refleja en las nueve proyecciones que se han realizado.

En el peor escenario, la temperatura sería 8 °C más alta a final de siglo. Es un escenario altamente improbable, pero no imposible. Tendríamos que llegar a 1.000 ppm de $CO_2$. Otros escenarios no tan pesimistas nos llevan también a aumentos igualmente insufribles de la temperatura: entre 5,5 y 6 °C a final de siglo. Serían necesarias entre 600 y 800 ppm de $CO_2$ en la atmósfera. Recordemos que el índice AGGI nos sitúa ahora mismo en 500 ppm de $CO_2$ equivalente.

Como ya se ha indicado, en 2020, la temperatura había subido de promedio más de 1,5 °C en la cuenca mediterránea y, en 2040, será 2,2 °C más alta que en la época preindustrial, según el MedECC.[8]

## ANTÁRTIDA [TP]

El 26 de junio de 2020 *Nature Climate Change* publica un artículo en el que los investigadores sostienen que el Polo Sur ha sufrido un incremento de la temperatura tres veces superior a la media mundial durante los últimos treinta años: 0,61 °C.

La península antártica, situada en el extremo noroeste del continente, se está calentando rápidamente, con un aumento de la temperatura de 3 °C, según la OMM, provocando que la cantidad de hielo derretida se multiplique por seis entre 1979 y 2017. Igualmente inestable es la capa hielo de la Antártida oriental, la cuenca de Wilkes. Preocupación especial genera la occidental porque, aunque más pequeña que la oriental, es una capa de hielo de origen marino que se asienta sobre un lecho de roca en gran parte sumergido y en contacto con el calor



[8] https://www.medecc.org/.

del océano, lo que la hace vulnerable a la pérdida de hielo rápida e irreversible. Con tan solo una pérdida parcial de su hielo —contiene hielo suficiente como para aumentar el nivel del mar 3,3 metros—, sumergiría las costas de todo el mundo.

En el informe *"New elevation data triple estimates of global vulnerability to sea-level rise and coastal flooding"* publicado en *Nature Communications*, se sostiene que, en el caso de inestabilidad antártica, 480 millones de personas estarían amenazadas a final de siglo, hasta 300 millones en 2050. En *Nature* se publicó en 2018 un estudio en el que se demuestra que la pérdida de hielo de la capa occidental se había triplicado en diez años. Un dato concordante con el informe especial del IPCC sobre los océanos y la criosfera en un clima cambiante antes citado, la pérdida de hielo entre 2007 y 2016 se triplicó en comparación con los diez años anteriores. La extensión de los hielos marinos durante el verano alcanzó sus valores más bajos en 2017 y 2023. Cerca del 87 % de los glaciares de la costa oeste de la península antártica han retrocedido en los últimos cincuenta años, la mayoría mediante un proceso acelerado en los últimos doce años.

No debemos confundir el hielo del océano, que no aumentaría el nivel del mar en caso de deshielo, con el continental, que sí lo haría gravemente. La inmensa capa de hielo de la Antártida tiene hasta 4,8 km de espesor y contiene el 90 % del agua dulce del mundo, suficiente para elevar el nivel del mar unos 60 metros si se derritiera.

## ÁRTICO [TP]

El Ártico se calienta más de dos veces más rápido que la media mundial, según la OMM (hasta cuatro veces, según otras fuentes). La extensión del hielo marino disminuye todos los meses del año y su espesor no deja de menguar. En cada uno de los años comprendidos entre 2016 y

2022, la extensión del hielo marino del Ártico ha estado por debajo de la media. De hecho, según los datos satelitales de Copernicus, el hielo marino del Ártico se ha ido retirando progresiva y drásticamente. Desde 1979, en el mes de enero el hielo ha perdido 1,89 millones de kilómetros cuadrados, aproximadamente el doble del tamaño de Alemania.

Un estudio publicado en *Nature Climate Change* y recogido por British Antarctic Survey[9] apunta que el Ártico podría quedarse sin hielo en 2035.

## GROENLANDIA [TP]

Desde 1995, las temperaturas de Groenlandia se han disparado hasta situarse 1,5 °C por encima de la media del siglo XX. Entre 2007 y 2016, se duplicó la pérdida de masa helada —la segunda de la Tierra— sobre el suelo de la isla, respecto a los diez años anteriores. Según el *Artic Program* de la NOAA, Groenlandia está perdiendo casi 267 mil millones de toneladas de hielo al año. El agua dulce procedente del deshielo disminuye la concentración salina y aumenta el nivel del  ar 0,7mm/año. Estudios recientes informan que el deshielo está sucediendo siete veces más deprisa que en la década de los noventa: 254.000 millones de toneladas de 2009 a 2018 ambos inclusive. A medida que disminuye la capa de hielo, la superficie se derrite más deprisa y va quedando más expuesta al aire cada vez más cálido, desatando mecanismos de retroalimentación positiva. El deshielo de Groenlandia elevaría el nivel del mar en más de siete metros.

Un estudio publicado en *Nature* el 16 de agosto de 2020 sostiene que Groenlandia ya ha superado el punto de no retorno: las nevadas ya

[9] https://www.bas.ac.uk/media-post/past-evidence-supports-complete-loss-of-arctic-sea-ice-by-2035/.

no pueden reponer el hielo perdido a medida que los glaciares se retiran, perdiéndose 500 millones de toneladas de hielo al año. Demuestra que un retroceso generalizado entre el año 2000 y el 2005 resultó en un cambio hacia una nueva dinámica de pérdida de masa sostenida, que incluso persistiría si se diera una disminución de la fusión en superficie.[10]

## SIBERIA

En la ciudad de Verjoyansk, en Siberia, donde en invierno se superan habitualmente los –50 °C y se ha llegado hasta –67 °C (se considera el lugar más frío del mundo, más que la Antártida), el 20 de junio de 2019 se alcanzaron los 38 °C, la temperatura más alta jamás registrada al norte del círculo polar ártico. Aquella anomalía térmica tuvo consecuencias catastróficas: el hielo se derritió y se produjeron incendios devastadores que arrasaron en todo 2020 tres millones de hectáreas del Ártico siberiano, una superficie similar a la de Bélgica. Y muchos de estos fuegos son imposibles de apagar por desarrollarse en zona remotas que desforestan la tundra. (Véase más adelante el epígrafe sobre bosques boreales.)

Por otra parte, y como explicábamos en el epígrafe dedicado al metano, el permafrost (TP), el 60 % del territorio de Rusia, se descongela, lo que causará la migración de plantas y animales, el declinar de otras e incluso la extinción de algunas de ellas. Además, el deshielo no tan solo emite GEI a la atmósfera sino que causa el hundimiento del terreno y de construcciones en él asentadas. Un ejemplo es el cráter de Batagaika, que apareció en los años sesenta del siglo pasado, cuando se llevaron a cabo talas masivas del bosque de la zona. Desde entonces



[10] https://www.nature.com/articles/s43247-020-0001-2.pdf.

crece a un ritmo de entre veinte y treinta metros por año y ya mide más de un kilómetro de largo y cien metros de profundidad. Se lo conoce como la Puerta del Infierno.

## EFECTO ALBEDO

Debemos tener en cuenta el efecto albedo, el porcentaje de radiación solar que se devuelve a la atmósfera después de chocar con el suelo. Es una retroalimentación positiva de la temperatura, la amplificación ártica: los GEI incrementan la temperatura de la atmósfera al absorber parte de la luz/energía solar reflejada por el suelo. El calor va fundiendo el hielo, la nieve y el permafrost. Al fundirse, disminuye el reflejo de la luz solar y aumenta la temperatura del agua y la tierra, que absorben cada vez más energía. Y así sucesivamente.

> En un mundo más cálido, partes de Europa podrían ser más frías

El Ártico se calienta muy rápido mediante el albedo, explica Francisco Doblas: el invierno es más cálido, hay menos hielo en verano, se calienta más el océano, no permite que se forme hielo en invierno. La probabilidad de que haya hielo en verano es menor. El proceso en su conjunto hace que el Ártico se caliente más que el resto del planeta. Es un efecto importante porque parte de la circulación que tenemos en el océano y en la atmósfera se debe a la diferencia de temperatura que hay entre el ecuador y las latitudes altas. Si disminuye la diferencia, el traspaso de calor es menos efectivo, con lo cual la transferencia que se hace a través sobre todo de la circulación atmosférica y oceánica es menos activa y hace que, por ejemplo, la transferencia de calor entre el Atlántico subtropical y Europa también pueda ser menos efectiva [TP]. Nos podríamos encontrar ante la paradoja de que, en un mundo más cálido, partes de Europa fueran más frías.

## CIRCULACIÓN ATLÁNTICA [TP]

La circulación termohalina atlántica (AMOC por sus siglas en inglés) es un sistema formado por la corriente del Golfo al sur, y más al norte por la corriente del Atlántico Norte. Forma parte de una red más amplia de patrones de circulación oceánica global que transporta calor por todo el mundo. La corriente del Atlántico Norte se origina en los mares fríos del norte y transporta aguas frías, densas, pesadas, que se hunden formando la masa de agua profunda que surca el fondo del Atlántico hasta emerger en el mar Antártico. Es el motor del sistema. La del Golfo transporta inmensas masas de agua caliente, menos densas y pesadas, que viajan desde el golfo de México hacia el norte, perdiendo calor en el camino y atemperando el clima en Europa. El cambio climático afecta a este proceso al diluir el agua salada del mar con agua dulce procedente del deshielo continental de Groenlandia y calentarla. El agua es entonces más liviana y menos capaz de hundirse. En consecuencia, se ralentiza la circulación global.

La corriente del Golfo se ha debilitado en los últimos 150 años hasta niveles no registrados en un milenio, afirma Pablo Ortega, climatólogo, colíder del grupo de predicción climática del Barcelona Supercomputing Center y coautor de uno de los estudios: el flujo se ha reducido entre un 15 y un 20 %, lo que supone una reducción del caudal de tres millones de metros cúbicos por segundo.[11] En el artículo publicado el 20 de agosto de 2019 en *Nature*, titulado *"Deep-water circulation changes lead North Atlantic climate during deglaciatiol"* se concluye que "los cambios graduales en la formación de masas de aguas profundas en latitudes altas del Atlántico Norte son precursores de cambios climáticos rápidos y enfatizan el papel central de la circulación oceánica en el cambio climático abrupto".

[11] https://www.youtube.com/watch?v=0MXv8aBXSP8.

El sistema AMOC determina el clima en el hemisferio norte, mucho más cálido en la costa oeste de Europa que en América. Si sigue debilitándose, enfriará Europa y la costa este de América del Norte, donde aumentaría el nivel del mar. La pregunta es: ¿dónde se sitúa el punto crítico de inflexión (TP) que podría reducir AMOC a cero o revertirla? Aunque ahora mismo nadie piensa que pueda suceder con un aumento de la temperatura inferior a 3 °C, este es un umbral que se traspasará con toda probabilidad antes de finales de siglo.

## BOSQUES Y SELVAS

Los bosques cubren el 30 % de la superficie terrestre, contienen el 80 % de la biomasa vegetal, regulan el ciclo del agua, evitan la erosión y crean suelo, absorben y fijan $CO_2$ y emiten oxígeno, regulan los recursos hídricos, frenan los procesos de erosión y desertificación, influyen en el clima y favorecen la conservación de la biodiversidad de especies y hábitats. Se pierden 26 millones de hectáreas de bosque al año desde 2014 a un ritmo del 43 % anual. Su merma supone una irreparable pérdida de biodiversidad.

## TROPICALES

Los bosques tropicales intactos absorben una tercera parte menos de carbono que en la época de 1990: recogían un 17 % de las emisiones antropogénicas en 1990 por un 6 % ahora. Simon Lewis, uno de los autores del informe *Saturación asíncrona de sumidero de carbono en los bosques tropicales de África y la Amazonia*, apunta que el bioma de los bosques tropicales, que alcanzaron su punto máximo como sumidero de carbono en 1990, puede convertirse en una gran fuente neta de carbono a través de una o más de estas cuatro rutas plausibles: cambios en las tasas de fotosíntesis y respiración, cambios en la biodiversidad en bosques intactos, colapso forestal generalizado por sequía y colapso forestal generalizado por fuego.

## AMAZONIA: MUERTE REGRESIVA [TP]

La Amazonia, la selva tropical más grande del mundo, con 5,5 millones de $km^2$ en nueve países de América del Sur, se está desestabilizando por la desforestación causada por los humanos (desde 1970 ha perdido el 17 % de su cobertura forestal) y el cambio climático. Alberga una de cada diez especies conocidas y contiene hasta el 20 % de las reservas de agua dulce del planeta.

> La selva amazónica genera la mitad de la lluvia que recibe

Desde hace más de medio siglo, se sabe que el ciclo hidrológico del Amazonas depende inequívocamente de la transpiración de las hojas y la evaporación. El bosque, muy húmedo, está saturado de fuertes lluvias y gran parte de esta humedad se devuelve a la atmósfera a través de la evaporación. A su vez, el agua del suelo es transferida a la atmósfera por la transpiración de las hojas de las plantas. Estos dos procesos constituyen la evapotranspiración, que además de mantener húmeda la atmósfera, generan un movimiento ascendente del aire (convección) que favorece la creación de nubes y lluvia. De hecho, la selva genera la mitad de la lluvia que recibe.

Cuando llueve, alrededor del 75 % de la humedad es devuelta a la atmósfera. La selva recicla la humedad cinco o seis veces. El aire sube, se enfría, y alrededor de un 20 % se precipita en el sistema fluvial. Contrariamente, cuando la selva tropical se desforesta, el 50 % del agua de lluvia se escurre y no está disponible para el reciclaje.

Los investigadores predicen que la disminución de las lluvias por el calentamiento de origen antrópico, la reducción de la transpiración de las plantas por el incremento del $CO_2$ que cierra los poros microscópicos de las hojas, y la desforestación causada por los humanos (los incendios forestales sirven para abrir camino a las industrias extractivas y a la agroindustria como la cárnica que desarrolla en la selva inmensas manadas de bueyes), comportará la aparición de sabanas secas cuando la disminución del arbolado supere el punto crítico y la selva no pueda sostenerse, es decir, reproducir la lluvia, por sí misma: la *muerte regresiva.*

En el artículo *"Amazon tipping point: Last chance for action"* en *Science Advances,* se sostiene que las estaciones secas en las regiones amazónicas ya son más cálidas y largas; la composición de los bosques ya está cambiando hacia especies arbóreas más resistentes a la sequía. Esto sugiere que la muerte regresiva puede ser más sutil de lo que se pensaba anteriormente, pero no menos catastrófica.[12]

La futura muerte regresiva de la Amazonia, que avanza inexorable —hacia 2030 es muy posible que emita más $CO_2$ que no retira—, haría muy difícil abordar el cambio climático. La reducción de la evaporación y la convección alterarían la circulación atmosférica en todo el mundo. Y la liberación de $CO_2$ por los incendios forestales y la reducción del arbolado, que disminuiría la función de sumidero de carbono, aceleraría el aumento del $CO_2$.

## BOREALES [TP]

Los bosques boreales —la taiga en Rusia— habitan latitudes frías y altas del hemisferio norte y se desarrollan justo al sur de la tundra, donde el

[12] https://advances.sciencemag.org/content/5/12/eaba2949.

frío extremo y la falta de lluvia impiden el crecimiento de los árboles. Son el ecosistema, el bioma, más grande de la Tierra y representan el 30 % de los bosques del mundo. Y contienen, con toda probabilidad, la tercera parte de todo el carbono terrestre.[13]

La taiga y la tundra ártica se están calentando el doble que el promedio mundial. Los veranos demasiado calurosos y las sequías aumentan la vulnerabilidad a las enfermedades de los árboles dominantes (pinos, abetos, alerces), reducen las tasas de reproducción e incrementan los incendios, cada vez más extensos e intensos.

La taiga y la tundra ártica se están calentando el doble que el promedio mundial

La tundra y la taiga ártica son un sumidero de carbono y, como tal, absorben una gran cantidad de dióxido de carbono y lo convierten en los vegetales que componen su densa estructura. Cuando se queman, liberan mucho más carbono que un bosque común. A causa de los fuegos, estos bosques podrían convertirse en fuente de emisión de carbono en vez de ser sumideros.

Un punto de inflexión posible podría estar causado por un incendio extremo —u otros eventos severos como la sequía extrema— que evitasen su regeneración y provocasen un cambio de ecosistema, de forestal a uno escasamente boscoso o de pastizales. Esto favorecería el calentamiento regional y el incremento de los incendios.

Si sucede, los bosques tropicales se desplazarán hacia la tundra, mientras que en el borde cálido la composición de los árboles se desplaza hacia especies templadas. De hecho, se están dando de casos de bosques boreales cambiantes en los que los arbustos leñosos están invadiendo la tundra. Según Scott Goetz, líder científico del Experimento de Vulnera-



[13] https://science.sciencemag.org/content/349/6250/819.

bilidad del Ártico de la NASA, con un aumento de la temperatura global de entre 1,5 y 2 °C, que se traducirían a entre 3 y 4 °C en la región boreal, habrá incendios aún más graves y frecuentes que quemarán —están quemando— la capa orgánica del suelo y causarán cambios en las especies forestales en las próximas dos o tres décadas. Los cambios afectarán al albedo y se amplificará el calentamiento regional, poniéndose en marcha el mecanismo de retroalimentación positiva.[2]

## FUEGOS FORESTALES

El cambio climático no tan solo ha incrementado el número y la intensidad de los incendios (California/Oregón, Siberia, Australia y otros), sino que ha impulsado una nueva generación de fuegos forestales capaces de borrar del mapa un ecosistema en tan solo una estación. Marc Castellnou, máximo responsable del Grupo de Refuerzo de Actuaciones Forestales (GRAF), de los Bomberos de la Generalitat de Catalunya, explica que ante la rapidez del avance del cambio climático, los ecosistemas no pueden adaptarse. El fuego es una perturbación de renovación, genera paisajes diferentes y cambia a su vez la economía, la distribución de la sociedad, la calidad de vida. Debemos gestionar el paisaje. La homogeneidad (por ejemplo, los bosques de eucalipto) favorece la propagación del fuego. Es necesario mantener y favorecer un mundo rural vivo y diverso. Haciéndolo, vacunamos a la sociedad contra este tipo de desastres.

## AGUA

Con el cambio climático, las condiciones hidrológicas se han alterado. A mitad de siglo, 3.000 millones de personas, el 27 % de la población mundial, vivirán en zonas sujetas potencialmente a la carestía de agua por el aumento del estrés hídrico. Ahora mismo, 2.400 millones no tienen acceso a ninguna forma de saneamiento. El 12 % bebe agua no potable.

El aumento de la temperatura está derritiendo los glaciares que contienen el 70 % del agua dulce de que dispone el planeta. Asimismo, el deshielo supone una amenaza para las personas, tanto en la alta montaña como río abajo: avalanchas, deslizamientos de tierras, inundaciones. Los glaciares de menor tamaño, en Europa, África Oriental, la región tropical de los Andes e Indonesia, perderán el 80 % de su masa de hielo antes de final de siglo. Los de mayor tamaño no menos del tercio de su masa. En España, los glaciares mantienen solo el 10 % de la superficie que ocupaban a principios del siglo XX.

## AGUA Y BOSQUES EN ESPAÑA

El aumento de temperatura incrementará el estrés hídrico, disminuyendo la producción de algunas cosechas. La sequía acentuada en los últimos años, sumada a la sobreexplotación de los recursos y al despilfarro, amenazan la disponibilidad de agua, que disminuye en todas las cuencas. España dispone de un 20 % menos de agua que hace treinta años. El flujo de los ríos ha descendido, en primavera y verano, en un 1,45 % en el período 1996-2005. Y según la UE, si la temperatura aumenta 2 °C, algo inevitable durante la próxima década, la recarga de los acuíferos se reduciría en 3.272 $hm^3$/año, lo que equivaldría al 15 % de la cantidad de agua que ahora mismo se extrae para el regadío.[1] Contrariamente, las tierras de regadío, que consumen casi el 85 % del agua disponible, han aumentado un 20 % en los últimos 18 años.

Registradas, hay más de cuatro millones de hectáreas. A ello habría que añadir entre el 5 y el 10 % de regadíos ilegales. Para aumentar la productividad, se están regando cultivos de secano, como olivos, almendros y viñedos. Se apuesta por la agricultura intensiva, una clara amenaza a la disponibilidad hídrica, en zonas afectadas por la escasez de agua como Extremadura, Andalucía o Castilla-La Mancha. Cabe preguntarse si tiene lógica poner en regadío 200.000 hectáreas en una España prácticamente desértica (Almería, Alicante, Murcia) y si son de verdad competitivos los productos así subvencionados.

Se están regando cultivos de secano, como olivos, almendros y viñedos

Un ejemplo lo hallamos en el mar Menor. El regadío se está expandiendo desde los años ochenta por toda la llanura que desagua en la laguna salada que ha vivido dos episodios dramáticos para su supervivencia, la *sopa verde* de 2016 y la muerte de tres toneladas de peces por la falta de oxígeno en octubre de 2019. La causa hay que buscarla en la agricultura, que dejó el secano para industrializarse, desecando los recursos hídricos —incluido el freático— y contaminando el terreno y las aguas subterráneas con fertilizantes y fitosanitarios que acaban en el mar Menor y lo eutrofizan.

Según denuncia Ecologistas en Acción, los planes especiales de sequía no incluyen la necesidad de recortar la demanda de agua en los planes hidrológicos, sino todo lo contrario: se sigue proponiendo la construcción de infraestructuras, pozos de sequía, compraventa de derechos concesionales del agua y la disminución de los caudales hidrológicos. Ecologistas en Acción propone frenar el crecimiento de la demanda de agua para regadío, el incremento en la eficiencia del uso del agua donde sea posible, el fomento de cultivos menos consumidores de agua y la reducción de la superficie dedicada ahora mismo al regadío.

En la comarca del Segrià, Cataluña, se están regando almendros a un coste de 12.000 $m^3$ de agua por hectárea y año, una dotación equivalente a los campos de arroz del delta del Ebro. La gran mayoría de estos cultivos de almendro pertenecen a empresas multinacionales que se dedican a la exportación. La concentración de la tierra cultivable en manos de las grandes corporaciones alimentarias y de los mecanismos de comercialización ha provocado que más del 50 % de las explotaciones familiares agrarias hayan desaparecido en los últimos veinte años.

Santiago Beguería investiga en la Estación Experimental Aula Dei del Consejo Superior de Investigaciones Científicas (CSIC), centro del que es científico titular. Nos habla del proyecto Piragua,[14] que evalúa los Pirineos: "Estamos observando un descenso de los recursos hídricos que exporta el Pirineo. Trabajamos con la hipótesis que la causa no es solamente climática, sino que está relacionada con los usos del suelo. No es lo mismo un prado que un bosque. El bosque 'chupa' agua. El árbol, con metros de raíces, utiliza más agua que una planta con quince centímetros. ¿Qué ha pasado? En los años cincuenta, hasta 1.400 pueblos quedaron abandonados y, con ello, la actividad agrícola y ganadera. Se reforestó, en algunos casos artificialmente para evitar la erosión. El bosque ha ido aumentando, contrariamente a lo que supone mucha gente. Se desforesta en África, en la Amazonia, en el Sudeste Asiático. En el mundo desarrollado sucede todo lo contrario, los bosques se expanden y eso tiene consecuencias hidrológicas: hay menos agua en los ríos".

Es el caso del delta del Ebro, la zona húmeda más extensa después de Parque Nacional de Doñana y el hábitat acuático más importante del Mediterráneo occidental después de la Camarga, en Francia, que además del insuficiente caudal ecológico, está en regresión por la falta de sedimentos. Los retienen los embalses y el delta no recibe la cantidad suficiente para resistir la subsidiencia —hundimiento natural del terreno—, las tormentas cada vez más intensas y frecuentes, y el aumento del nivel del mar. Desde la ecología, la ciencia y el propio



[14] https://www.opcc-ctp.org/es/piragua.

territorio se reclama que el gobierno de España apruebe y facilite la aportación de dos millones de toneladas anuales de sedimentos adicionales, como señala el programa Life europeo Ebro-Admiclim, para evitar que desaparezca.

"Hemos visto que la menor aportación de los ríos en las últimas décadas", prosigue Beguería, "le da igual al sistema. Se siguen satisfaciendo las demandas en la misma medida. El consumo de agua aumenta en las ciudades, por el turismo, y continúan creciendo las hectáreas de regadío. Los planes siguen apuntando a un mayor consumo, cuando hay menos agua disponible. Las personas no lo notamos todavía, pero el estrés irá a más si al aumento de la temperatura le sumamos que no hay previsión de cambio en la dinámica de usos del suelo en la montaña. Cabe esperar que se acentúe la reducción de caudales y cada vez habrá más problemas para llenar los embalses. ¿Hasta cuándo aguantará?".

Resultados idénticos han sido encontrados en el proyecto Life MEDACC,[15] coordinado por la Oficina Catalana del Cambio Climático (OCCC) en las cuencas del Segre, el Ter y la Muga, donde los impactos del cambio climático y la aforestación han provocado significativas reducciones de los caudales circulantes en las cabeceras de estas cuencas.

La pregunta es inevitable: ¿superará España la próxima sequía plurianual o entrará en colapso hídrico? Las proyecciones climáticas muestran que las sequías serán más largas y frecuentes y las lluvias no solo se reducirán sino que en algunas zonas se concentrarán, habrá un aumento de fenómenos extremos, lluvias torrenciales e inundaciones.

En España, un millón de hectáreas están en riesgo muy alto de desertificación (degradación de un territorio por causas antropogénicas), el 2 % del territorio. Otros ocho millones están en riesgo alto, entre ellos el Parque Nacional de Doñana.





[15] http://www.creaf.uab.cat/fotosprensa/medacc.pdf.

## INFORME FORESTIME

En junio de 2020, se presentaron los resultados de FOREStime, un estudio sobre los cambios acontecidos en los servicios ecosistémicos de los bosques de Cataluña en los últimos 25 años.[16]

Estas son las principales conclusiones:

- *Agua disponible:* Disminuye casi un 30 %. En los últimos 25 años, el agua azul, la lluvia que no aprovechan las plantas y llega a los ríos y acuíferos (escorrentía), se ha reducido en un 29 % a consecuencia de la expansión forestal y al aumento de la evapotranspiración. En la región de los bosques montanos del Pirineo occidental, donde se recoge gran parte del agua de los embalses de la cuenca del Segre, la merma ha sido menor, de alrededor del 12 %.
- *Bosques:* La capacidad de absorción de $CO_2$ ha disminuido en un 17 % entre 1990 y 2014. La madera que se puede extraer del bosque de forma sostenible, sin comprometer las existencias de carbono, también ha disminuido en torno al 7 % durante el periodo analizado.
- *Suelo:* El incremento de superficie forestal ha hecho que aumente la cantidad de suelo que anualmente no se erosiona.

Gabriel Borràs, responsable del Área de Adaptación de la OCCC, concluye: "El compromiso más evidente es que cualquier mejora que se quiera hacer en los bosques para mantener los servicios que nos ofrecen irá en detrimento del agua azul, porque los bosques crecerán más y consumirán más agua, que no llegará a los ríos. Por el contrario,

[16] https://canviclimatic.gencat.cat/web/.content/02_OFICINA/publicacions/publicacions_de_canvi_climatic/Estudis_i_docs_adaptacio/FORESTIME.PDF.

si se quiere incrementar el agua que llega a los ríos y acuíferos, probablemente disminuirán el resto de servicios ecosistémicos evaluados".

## SUELOS

La degradación de la tierra socava su productividad, limita los tipos de cultivos y merma la capacidad del suelo para absorber carbono. Ello exacerba el cambio climático y el cambio climático, a su vez, exacerba la degradación de la tierra, en especial en la costa, deltas, zonas secas y permafrost.

La rápida expansión y el manejo no sostenible de las tierras de cultivo y de pastoreo es la causa directa más importante de la degradación del suelo, causando la pérdida significativa de la diversidad biológica y servicios de los ecosistemas: seguridad alimentaria, purificación del agua, provisión de energía y otras contribuciones de la naturaleza que son esenciales para las personas.

Se pierden seis millones de hectáreas de tierra productiva cada año

La humanidad ha alterado más del 70 % de la superficie del planeta. Una cuarta parte de la superficie terrestre no helada se ha degradado por la acción humana. Se pierden seis millones de hectáreas de tierra productiva cada año. En España, más del 40 % del suelo está amenazado. Según el Ministerio de Agricultura, un millón de hectáreas están en riesgo muy alto, ocho millones en riesgo alto. La desertificación afecta a más de 110 países. Alrededor de 500 millones de personas viven en territorios sujetos a la desertificación. Las regiones que se desertifican y las tierras áridas son las más vulnerables al cambio climático y los fenómenos de gravedad extrema, como sequías, olas de calor y tormentas de polvo, y el aumento de la población mundial no hace sino someter esas zonas a más presión.

La humanidad está usando una tercera parte de las tierras disponibles para proveerse de alimentos. Los impactos intensivos de la agricultura agravan la erosión de los suelos y han reducido la materia orgánica de la tierra. Los sistemas agroalimentarios son altamente demandantes de recursos finitos o de lenta recuperación: más del 70 % del agua dulce, el 90 % del fósforo disponible, el 30 % del consumo energético mundial. Y a su vez son una importante fuente de contaminación por el uso excesivo de nutrientes y la incorrecta gestión de los residuos ganaderos. Los usos del suelo para fines agrícolas, silvícolas y de otra índole suponen el 23 % de las emisiones antropogénicas de GEI: el 13 % del $CO_2$, el 44 % del metano y el 81 % del óxido nitroso. Si añadimos las emisiones relacionadas con el conjunto del sistema de producción de alimentos, entonces se alcanza el 37 %. A su vez, los procesos naturales de la tierra absorben una cantidad de dióxido de carbono equivalente a una tercera parte de las emisiones de $CO_2$ causadas por la quema de combustibles fósiles y la industria. El balance sería negativo.

## ALIMENTOS

El cambio climático afectará a los cuatros pilares de la seguridad alimentaria: reducirá el rendimiento, en particular en los trópicos, aumentará los precios, afectará a las cadenas de suministros y los nutrientes perderán calidad. Un estudio encabezado por Chunwu Zhu y publicado en *Science Advances* el 23 de mayo de 2018, ya alertaba de la disminución de proteínas, minerales esenciales, como hierro y zinc, y vitaminas, a causa del aumento de $CO_2$ en la atmósfera.

La tierra que ya se está cultivando podría alimentar a la población en un contexto de cambio climático y ser una fuente de biomasa que proporcione energía renovable, pero se deben adoptar iniciativas tempranas de gran alcance que incidan simultáneamente en diversos ámbitos.

En agosto de 2019, se publicó el informe del IPCC titulado *Suelos y cambio climático*,[17] en el que se estudian los flujos de los GEI derivados de los ecosistemas, el uso del suelo y su gestión sostenible. Marta G. Rivera Ferré, directora de la Cátedra de Agroecología y Sistemas Alimentarios de la UVIC-UCC, y coautora del informe, publicaba en la revista *Agrocultura* en abril de 2020 el artículo "Sistemas alimentarios, dieta y cambio climático", en el que recogía buena parte de las conclusiones a las que han llegado los expertos de Naciones Unidas: abordar estrategias conjuntas desde la producción, el consumo y el transporte de alimentos.

Hay que abordar estrategias conjuntas desde la producción, el consumo y el transporte de alimentos

Desde el punto de vista de la producción, se propone incrementar la materia orgánica del suelo, reducir la erosión y mejorar el manejo del ganado. Hacerlo permitiría mitigar no solo las emisiones de GEI de los cultivos y la ganadería, sino también que suelos y biomasa absorbieran carbono. Favorecería la adaptación y supondría reducir la evotranspiración y, con ello, la necesidad de agua y la degradación de los suelos.

En relación con el aumento de materia orgánica, hace falta impulsar asociaciones y rotaciones de cultivos que dependan del contexto cultural y agroclimático, sistemas de producción mixtos (agrosilvopastoriles), uso de razas autóctonas y pastoreo eficiente conforme a la capacidad de carga ganadera de territorios concretos. Para aplicar estas medidas es necesaria la diversificación de especies y variedades, la biodiversidad y la agrobiodiversidad. Y recuperar el conocimiento tradicional que se ha perdido en España y Europa: variedades y razas locales más rústicas ante condiciones climáticas extremas y suelos menos fértiles. Algo muy difícil después de décadas de producción basada en el monocultivo y



[17] https://www.ipcc.ch/srccl/.

la extracción de materia orgánica del suelo favorecida por el uso de fertilizantes inorgánicos.

A ello habría que añadir cambios en la dieta (menos proteína animal) y evitar el derroche (se malgastan entre el 25 y el 30 % de los alimentos que se producen).

## GESTIÓN MORTAL DE LOS ECOSISTEMAS: EPIDEMIAS, PANDEMIAS

Primero fue la caña de azúcar ligada a la colonización, la esclavitud y la acumulación de capital. Luego, la *revolución verde* de los años cincuenta del siglo pasado, que causó desigualdades, hambre y pobreza y graves daños al medio ambiente y la biodiversidad. Ahora es el turno de la agroindustria, que con altos rendimientos basados en insumos tecnológicos (pesticidas, fungicidas), ha penetrado y destruido territorios dedicados a la agricultura familiar basada en el autoconsumo. Los monocultivos, como los de soja y palma de aceite, son los responsables del desplazamiento y desposesión de millares y millares de campesinos de sus tierras. Pero no tan solo.

Delia Grace, epidemióloga y veterinaria, es autora principal del informe de Naciones Unidas *Previniendo la próxima pandemia: las zoonosis y cómo romper la cadena de transmisión*, presentado en julio de 2020. Argumentaba en la BBC que en el último siglo han surgido más y más enfermedades infecciosas: vacas locas, gripe aviar, VIH-sida, gripe española. El 75 % tuvieron como fuente animales salvajes. Y muchas de ellas llegaron a los humanos usando como *puentes* animales domésticos mucho más numerosos que los salvajes: pollos, cerdos y otro tipo de ganado. La demanda de proteína de origen animal (carne vacuna, huevos, peces, pollos) es una de las causas más importantes. La industria está dominada por unos pocos tipos genéticos similares. Los animales están hacinados y estresados y, en esas circunstancias, su sistema inmunológico se debilita. Y en muchos países las medidas de bioseguridad no son buenas. Lo que estamos viendo es una enorme presión sobre los ecosistemas, impulsada por el aumento de la población, con un enorme incremento de industrias extractivas.

Hay tres regiones donde se concentra la máxima biodiversidad y de patógenos: África Central, Sudeste Asiático y América Central y Amazonia. La explotación de nuevas áreas naturales, la desforestación, relaciona a humanos y animales con virus con los que no había contacto con anterioridad. Al usar los territorios para prácticas "más rentables", como asentamientos humanos, agricultura, ganadería, monocultivos u obtención de energía, estamos cambiando la estructura y funcionalidad de los ecosistemas a un ritmo sin precedentes y degradándolos.

Los patógenos necesitan nuevos anfitriones. A menudo somos nosotros

Una práctica que no impacta tan solo sobre la biodiversidad, sino que también lo hace sobre la salud, algo de lo que no solemos apercibirnos, puesto que la relación entre la causa y el efecto no se establece de forma inmediata. Lo explica Jordi Serra-Cobo, investigador en el Departamento de Biología Evolutiva, Ecología y Ciencias Ambientales de la Universidad de Barcelona, que añade: "Patógenos los hay en todas partes. Estos virus están en reservorios animales, que es de donde provienen la mayoría de enfermedades infecciosas, emergentes. Nuestra relación con el entorno natural y estos reservorios es lo que está cambiando. Sabemos que estamos aumentando la probabilidad de contacto entre las especies salvajes, portadoras de virus, y nuestra especie, y que hace falta que el virus se propague para que la amenaza prospere. Y aquí no tan solo influyen los fenómenos de cambio ambiental, sino también social y socioeconómico: costumbres, posibilidades económicas relacionadas con la alimentación, hambre, caza, captura de animales salvajes, condiciones y control sanitario, conocimiento... Finalmente, es necesario que los humanos nos movamos mucho. Debe haber mucha interconectividad. Cuando modificamos la dinámica de conducta de una especie que tiene unos reservorios de patógenos, modificamos el ciclo de los patógenos y podemos alterar el riesgo de transmisión a todo el mundo. Cuando desorganizamos los ecosistemas, sacudimos los virus y los liberamos de sus huéspedes naturales. Cuando esto ocurre, los patógenos necesitan un nuevo anfitrión. A menudo somos nosotros. Es la transferencia zoonótica, las zoonosis. Se ha puesto, y continuamos poniendo, las bases de nuevas epidemias: virus de Zika, Ébola, SARS, MERS, hepatitis E, dengue, chikungunya, Nipah, covid-19...

## CONCLUSIONES

### *LOS* TIPPING POINTS *Y EL FUTURO QUE AGUARDA*

El aumento de la temperatura de la biosfera es el factor que podría activar la cascada de puntos de inflexión del sistema climático. No se conoce, no obstante, el umbral de temperatura que desencadenaría el mecanismo de no retorno en alguno de los puntos de inflexión que, a su vez, arrastre consigo a los demás. Las últimas investigaciones no descartan que esto pueda suceder entre los +1 y +2 °C de incremento de la temperatura, cuando inicialmente los científicos lo situaban por encima de los +5 °C.

En 2022, la temperatura se elevó 1,15 °C por encima de la era preindustrial. Y según Copernicus, en el año transcurrido de julio de 2019 a junio de 2020, la temperatura global aumentó 1,28 °C. Así, el aumento de un grado y medio se alcanzaría hacia 2030. Y los +2 °C, alrededor de mitad de siglo. Antes, si se confirmase la creciente influencia del metano. Abundando en este sentido, un artículo encabezado por Elwyn de la Vega y publicado en *Scientific Reports*, en julio de 2020, afirma que en 2025 habrá más $CO_2$ en la atmósfera que en los últimos 3,3 millones de años.[18] Andrew Glikson, de la Universidad Nacional de Australia agrava, si cabe, la emergencia y afirma que la tasa de aumento de GEI ($CO_2$, metano y óxido nitroso) es superior a la acontecida durante la extinción de los dinosaurios, hace 66 millones de años.[19]

## ¿QUÉ PODRÍA SUCEDER?

El 27 de noviembre de 2019 un grupo de científicos encabezados por el citado Timothy M. Lenton publicaron en *Nature* un estudio sobre los puntos de no retorno, titulado *"Climate tipping points. To risk to bet against"*.[3] Refiriéndose a los límites de la biosfera, temen que las actividades humanas y el cambio climático provoquen que en alguno de los *lugares calientes*, en especial de la criosfera, se supere el umbral de seguridad y se desencadene una cascada de acontecimientos que conduzca a un estado climático *invernadero* menos habitable. Y ponen un ejemplo: "Sabemos que la pérdida de hielo marino en el Ártico está amplificando el calentamiento. Y que el deshielo de Groenlandia está suministrando agua dulce al Atlántico Norte. Ambos eventos podrían haber contribuido, desde mediados del siglo XX, a una desaceleración del 15 % de la AMOC, que es una parte clave del transporte global de calor y de sal al océano. El rápido derretimiento de la capa de hielo de Groenlandia y una mayor desaceleración de la AMOC podrían desestabilizar el monzón de África Occidental y desencadenar una sequía en la región africana del Sahel. Una desaceleración en el sistema AMOC también podría secar el Amazonas, interrumpir el monzón del este de Asia y hacer que se acumule calor en el Océano Austral, lo que podría acelerar la pérdida de hielo antártico". Y esto no es una película. A

[18] https://www.nature.com/articles/s41598-020-67154-8.

[19] https://johnmenadue.com/andrew-glikson-co2-is-rising-at-the-fastest-rate-since-66-million-years-ago/.

este artículo de *Nature* se añade otro en *PNAS*, encabezado por Will Steffen.[20] En ambos se requiere la acción humana colectiva para alejar al sistema terrestre de un potencial punto de inflexión y estabilizarlo en un estado habitable similar al interglaciar. Dicha acción implica la administración de todo el sistema terrestre (biosfera, clima y sociedades) y debería incluir la descarbonización de la economía global, la mejora de los sumideros de carbono de la biosfera, cambios de comportamiento, innovaciones tecnológicas, nuevos arreglos de gobernanza y valores sociales transformados.

## *DÓNDE ESTAMOS*

El Programa de Naciones Unidas para el Medio Ambiente (PNUMA), en su *Informe sobre la disparidad en las emisiones* de noviembre de 2019, recomendaba que, para evitar el aumento de 1,5 °C, era necesario ir más allá de los acuerdos de París y comprometerse a una reducción del 7,6 % de GEI al año a escala global hasta 2030 y respecto a las emisiones de 2018. Esto significa una reducción del 55 % al final de esta década. Si el objetivo era menor, evitar los 2 °C, entonces haría falta una reducción del 25 % hasta 2030. Siempre respecto a las emisiones de 2018.

En el momento de cerrar este informe, y a pesar de la covid-19, la reducción de las emisiones de $CO_2$ era inferior (entre 29 y 32 Gt de $CO_2$ equivalente de más) a la recomendada anualmente por Naciones Unidas para evitar el aumento de 1,5 °C, y entre 12 y 15 Gt de $CO_2$ de más para evitar el aumento de 2 °C. No parece que haya voluntad real de reducirlas. A lo largo del primer semestre de 2020, los países del G20, que en su conjunto representan el 80 % de las emisiones mundiales y son los más ricos, se comprometieron a invertir 151.000 millones de dólares

[20] https://www.pnas.org/content/115/33/8252?s=09.

para el fomento de los combustibles fósiles, por tan solo 88.600 millones para las renovables.[21]

¿Y España? Sus intenciones son muy poco ambiciosas desde el punto de vista medioambiental. La Ley de Cambio Climático establece que para el año 2030 deberán reducirse las emisiones del conjunto de la economía española en al menos un 23 % respecto a 1990, año en el que se emitieron 287,8 millones de toneladas de $CO_2$ equivalente ($MtCO_2eq$), bastantes menos de las 305,5 de 2022. Una reducción, pues, claramente insuficiente para impedir el aumento de 2 °C.

Si los *tipping points* se hacen realidad, si se superaran uno o más de los *puntos de inflexión*, la amenaza de una biosfera más caliente, dura e incluso inhóspita, se cerniría sobre todos los seres vivos que la habitan, agravándose la crisis civilizatoria (de salud, cuidados, económica, ecológica y política), como advierte Joan Benach, investigador, salubrista y profesor del Departamento de Ciencias Políticas y Sociales de la Universidad Pompeu Fabra. En juego estaría —ya lo está— la salud planetaria, una única salud que establece la interdependencia entre la actividad humana y los sistemas naturales (aire, agua, tierra, biodiversidad) y su impacto en el bienestar de las personas.

[21] Datos proporcionados por la red Climate Action Network, a través del proyecto Energy Policy Tracker (https://www.energypolicytracker.org/).

# 2023-2025, un bienio negro para imponer un *shock* climático

**Se acerca una crisis económica derivada de la escasez de recursos que provocará la caída de las emisiones de $CO_2$, pero no en la medida suficiente para frenar el cambio climático. La ciudadanía debe comprender que no se puede detener el cambio climático aunque interrumpamos todas las emisiones, pero sí que podemos adaptarnos con transformaciones profundas del modelo socioeconómico y cultural para evitar que se agrave. Para ello es necesario forzar a los poderes económicos y políticos a que actúen de inmediato.**

Terminada la COP 25, celebrada en Madrid en diciembre de 2019, la pregunta era y es: ¿por qué no se ha actuado de veras para hacer frente a la emergencia climática?

Pero las preguntas clave deberían ser: ¿le conviene al sistema económico proceder contra la emergencia climática? ¿Han decidido los poderes económicos aplazar cualquier actuación y elegir el momento de conmocionar y provocar el 'shock' para evitar respuestas organizadas? ¿Cuándo será?

Los mercados vislumbran que la respuesta gubernamental a la emergencia climática, que califican de contundente, desordenada y perturbadora, será hacia 2025.

Solomon Hsiang, catedrático de políticas públicas en Berkeley, California,[1] ha liderado un equipo de científicos que han estudiado los efectos del cambio climático sobre la sociedad, sostiene que el cambio climático perjudica la economía de Estados Unidos y aumenta la desigualdad, empobreciendo a los más pobres y enriqueciendo a los más ricos. Y concluye: si no hacemos nada, el cambio climático puede suponer la mayor transferencia de riqueza de los pobres hacia los ricos, de la historia de Estados Unidos. En otras palabras, el cambio climático es una herramienta eficaz para la desposesión de las clases populares. Y no solo en Estados Unidos. Con particularidades, el análisis es aplicable a todo el norte global. Puede consultar el estudio *Climate change damages US economy, increases inequality.*[2]

El sur es la zona más afectada por el cambio climático en Estados Unidos. Desde hace tiempo, tienen lugar procesos migratorios hacia otros territorios del país. Migran las personas con capacidad económica y se quedan aquellas que no pueden cambiar de residencia. En este sentido, la inequidad crece, tanto a nivel de clase como territorial. También en el sur global.

Pero no todos los casos son iguales. Jesús Marcos Gamero, investigador de la Universidad Carlos III y de la Fundación Alternativas, comentaba los efectos en Nueva Orleans del huracán Katrina. Con los avisos del desastre abandonaron la ciudad aquellas personas con suficientes recursos económicos, pero se quedaron las más pobres. En especial las negras afroamericanas, que fueron quienes recibieron las consecuencias del huracán y lo perdieron todo, incluso la vida. Tras el desastre, los más ricos volvieron y se apoderaron de todo lo

[1] https://gspp.berkeley.edu/research-and-impact/faculty/solomon-hsiang.

[2] https://www.sciencedaily.com/releases/2017/06/170629142958.htm.

que pudieron. Los pobres tuvieron que migrar. Se fueron de Nueva Orleans alrededor de 100.000 afroamericanos y llegaron migrantes latinoamericanos dispuestos, por necesidad, a hacer el trabajo que fuera necesario. Ahora la ciudad es aún más desigual.

No es el único lugar donde se ha dado este proceso. En Miami, la parte más alta de la ciudad está poblada por personas procedentes de Haití —de hecho, se llama popularmente *Little Haití*—. Dado que el nivel del mar está subiendo inequívocamente, el barrio está viviendo un proceso de gentrificación, con una acelerada subida de precios que está echando a los pobres. Los ricos le han puesto el ojo en busca de mayor "seguridad", ya que tienen la oportunidad, piensan, de escoger su futuro. Los pobres, no.

A finales de septiembre, el *New York Times* avanzaba el contenido de un trabajo de la Oficina Nacional de Investigación Económica titulado "Financiación hipotecaria ante el riesgo climático en aumento".[3] El estudio da a conocer que los bancos estadounidenses pueden estar titulizando las hipotecas de viviendas edificadas en zonas vulnerables al cambio climático —en el borde de mar y ríos— y vendiéndolas a Fannie Mae o Freddie Mac, empresas patrocinadas por el gobierno y cuyas deudas son avaladas por los contribuyentes. Así, los bancos evitan los riesgos financieros si los propietarios no pueden pagar, riesgos que serían sufragados por la ciudadanía, una vez más.

En China, los procesos migratorios internos también están dando oportunidades económicas a los más ricos. Los más pobres tienen que buscarse la vida a en ciudades muy, muy contaminadas, mientras los más ricos, aquellos que se han lucrado con la explotación de los que menos tienen —y desprecian, como ocurre en todas partes—, marchan



[3] https://www.ouazad.com/resources/paper_kahn_ouazad.pdf.

para instalarse en zonas no tan afectadas por el medio ambiente, donde gozan de mejor salud y alimentación.

En agosto de 2018, la revista digital *Contexto – CTXT* reproducía el artículo de Douglas Rushkoff "La supervivencia de los más ricos", publicado inicialmente en *Medium.*[4] Explica Rushkoff que lo invitaron a una reunión con cinco súper ricos del mundo de las altas esferas, las finanzas y las inversiones y que no le preguntaron cómo salvar el planeta de la crisis climática, sino cómo se podrían salvar ellos, los ricos. Querían saber cuáles eran las regiones más seguras; como transferir la conciencia a un ordenador; o como, en caso de desastre global, podrían mantener la autoridad sobre sus, y particulares, fuerzas de seguridad. No tenían intención de revertir las causas de la crisis ecológica, energética, social, sino de saber cómo deberían construirse su condominio físico o virtual.

## LOS DATOS OBJETIVOS LLEVAN AL DECRECIMIENTO, INACEPTABLE POR EL CAPITALISMO

Los gases de efecto invernadero continúan creciendo un 1,5 % cada año y de media, la última década, con 55,3 gigatoneladas (GtCO2e) vertidas en 2018. El máximo histórico de concentración de gases de efecto invernadero (GEI) en la atmósfera se alcanzó el 15 de mayo de 2019 con 415,70 partes por millón (ppm). La media en 2018 fue de 407,8 y en 2017, de 405,5 ppm. Este comienzo de 2020 confirma la tendencia con un nuevo récord: 413,5 ppm el día 12 de enero. Un año antes, 409,94. Hace diez, 388.21. El límite considerado seguro es de 350. Antes de la era industrial no se superaban las 280 ppm.[5]



[4] https://onezero.medium.com/survival-of-the-richest-9ef6cddd0cc1.



[5] https://co2.earth/daily-co2.

El Programa de Naciones Unidas para el Medio Ambiente (PNUMA) daba a conocer, en noviembre de 2019, que si se quiere conseguir que la temperatura no suba más de 1,5 °C respecto de la era preindustrial, las emisiones de $CO_2$ deberían reducirse un 7,6 % cada año durante el decenio de 2020. Una disminución de esta magnitud supondría una reducción energética aproximada del 40 %. Si el objetivo es más modesto y el aumento aceptado fuera de 2 °C, entonces la disminución debería ser del 2,7 %. En consecuencia, evitar un incremento de 1,5 °C significaría decrecer inevitablemente. Evitar los 2 °C —un riesgo indiscutible dado que en el documento IPCC hecho público en Incheon en octubre de 2018, se afirmaba que el punto de no retorno se situaría, con mucha probabilidad, en los +1,7 °C—, algo que supondría crecer tan poco que conllevaría el estancamiento.

Si se quiere evitar que la temperatura suba 1,5 °C, el decrecimiento es inevitable

Jason Hickel, de la Goldsmiths University de Londres, y Giorgos Kallis, del Instituto de Ciencia y Tecnología Ambientales de la Universidad Autónoma de Barcelona (ICTA-UAB), lo decían en un informe[6] publicado en mayo del año pasado en la revista *New Political Economy* y recogido por *Sostenible:* si el sistema económico quiere evitar que la temperatura suba más de 2 °C, el PIB no puede crecer más allá del 0,5 % (un porcentaje insuficiente para el concepto sistémico de crecer, que se sitúa como mínimo en el 2 %). Pero si lo que se quiere evitar es el aumento de 1,5 °C, entonces el decrecimiento es inevitable.

[6] https://www.sostenible.cat/noticia/cal-decreixement-economic-per-combatre-la-crisi-climatica-segons-un-estudi.

Todas las grandes compañías están agotando su capacidad extractiva. Por su parte, los países están explotando hasta el límite los recursos menguantes y acumulando reservas, también de carbón.

Por ejemplo, España. Además de reabrir minas que se consideraban agotadas —como las minas pobres de uranio, que también tendrían el pico de extracción previsto poco después de 2025, tal vez en 2030— el mismo día que comenzaba la COP en Madrid, en Sevilla comenzaba la búsqueda de petróleo con la técnica del *fracking*, altamente nociva. Una muestra más de la intención de explotar los hidrocarburos y todos los recursos estratégicos hasta el último momento sin que importe el $CO_2$ emitido, las consecuencias sobre la biosfera y sobre los seres que la habitan.

Pero, hasta cuándo. La Agencia Internacional de la Energía explicaba en su informe anual de 2018 que, incluso con el *fracking* norteamericano, en 2025 habría un déficit de unos 13 millones de barriles diarios (Mbd) sobre la demanda, que estaría por encima de los 100 Mbd aquel año y en torno a los 106 Mbd en 2040.

Es sorprendente, como apunta Antonio Turiel, científico titular en el Instituto de Ciencias del Mar del CSIC y autor del reconocido blog *The Oil Crash*, que no se hable del tema en el informe de 2019. Sostiene Turiel en las previsiones que hace por 2020 y a modo de tendencia:[7] «Las múltiples tensiones financieras acumuladas en el sector del *fracking* y la desinversión general en el resto del sector de producción de hidrocarburos líquidos, harán que la producción de petróleo caiga por debajo de la demanda y que en 2020 se produzca el primero de los picos de precios que la Agencia Internacional de la Energía no preveía en 2018, hasta 2025». Y añade: «El precio del petróleo superará los

[7] https://crashoil.blogspot.com/2019/12/predicciones-para-2020.html.

cien dólares por barril y llegará a ciento veinte. En todo caso y antes de final del año, el precio oscilará alrededor de los ochenta dólares a causa de la destrucción de oferta y demanda».

Pedro Prieto, vicepresidente de la Asociación para el Estudio de los Recursos Energéticos, miembro del Consejo Internacional de ASPO y de Científicos por el Medio Ambiente, ingeniero técnico de telecomunicaciones, publicaba en la revista *15/15\15* un estudio en el que cruzaba los datos de las exportaciones netas de petróleo mundial disponible en el periodo 2000-2017, con las necesidades de importación de petróleo de los países con capacidad militar nuclear y, por tanto, de imponer su voluntad, en el intervalo 2018-2030. Olvidándose —cínicamente, dice él— de las personas que habitan territorios con gobiernos sin capacidad militar nuclear (4.000 millones), el objetivo perseguido era, y es, saber cuándo los estados nuclearizados litigarán entre ellos para asegurarse el suministro de petróleo que necesitan para mantener su modelo de sociedad, y tendrán la tentación de emplear las bombas atómicas para conseguirlo: «Dado que no hay petróleo para todos, te toca a ti quedarte sin». Pedro Prieto vaticinaba que este momento de duro enfrentamiento, tal vez de guerra, se dará a 2023.[8]

No debe de ir muy equivocado Pedro Prieto si tenemos en cuenta las recomendaciones del ejército de Estados Unidos para hacer frente al cambio climático, publicadas en *Catalunya Plural*.[9] El estudio fue encargado por el general Mark Milley antes de ser nombrado jefe de la Junta de Estado Mayor por el expresidente Trump en el mes de mayo de 2019, y lleva por título *Implications of Climate Change for the US Army*. En ningún momento se reconoce el carácter antrópico

[8] https://www.15-15-15.org/webzine/2018/10/25/ejercicio-practico-para-escepticos-del-peak-oil-2a-parte-propuesta-de-solucion/.
[9] https://catalunyaplural.cat/es/capitalismo-manu-militari/.

de la emergencia climática ni su origen, principalmente, en el uso de las energías fósiles que siguen siendo objeto de deseo.

En el documento se califica de necesaria, la expansión y la intervención permanente del ejército dentro y fuera del territorio nacional de Estados Unidos, ante el riesgo de que ciertos sectores como el del agua, el alimentario o el energético, pudieran colapsar. Y remacha: el propio ejército también puede colapsar —falta de energía y materiales, sugerimos nosotros— si no se adoptan reformas urgentes.

También apunta varios ejes estratégicos que harán "indispensable" su intervención, sin mostrar empatía por las personas afectadas: el control del Ártico, de las nuevas vías de comunicación que se abren y los recursos energéticos que contiene, en especial los hidrocarburos; la disminución del agua dulce disponible; o los procesos migratorios masivos por el alza del nivel del mar en zonas nuclearizadas, como Bangladesh.

Igualmente remarca que en Estados Unidos la mayoría de las infraestructuras críticas no están hechas para resistir las alteraciones que causará el cambio climático. Por ejemplo, la caída de la red eléctrica, envejecida y sin inversiones, en un plazo máximo de veinte años, o la situación de las noventa y nueve centrales nucleares, un 60 % de las cuales son vulnerables por estar en zonas de riesgo, ya sea por tormentas severas, escasez de agua para refrigerarlas o por estar cerca del mar.

## EL *SHOCK* ENTRE 2023 Y 2025

En 2018, la Agencia Internacional de la Energía situaba el déficit de suministro de petróleo en 2025. Pedro Prieto establece 2023 como inicio del posible enfrentamiento entre países para asegurarse el petróleo.

Se prevé hacia 2025 una respuesta política contundente, áspera, desordenada y tardía

Y los "mercados", ¿qué dicen? *Inevitable Policy Response* (IPR) es un *think tank* formado por 500 gestores de carteras que, con el apoyo de la ONU, quieren preparar a los inversores para asumir los riesgos asociados a la emergencia climática. En el informe *Policy Forecasts* dicen que las acciones de los gobiernos para combatir el cambio climático son altamente insuficientes si se quieren alcanzar los Acuerdos de París. Será inevitable que los gobiernos se vean forzados a actuar de forma decisiva y abrupta debido al cambio climático. Y la pregunta no es si actuarán, sino cuándo, y qué políticas aplicarán y dónde se harán notar.

El IPR prevé hacia 2025 (tercera ronda climática) una respuesta contundente, áspera, desordenada y tardía con políticas que perturbarán los mercados y tendrán implicaciones importantes en la economía y la sociedad a corto plazo. También establece un periodo de decisiones que comenzarán en 2023, cuando se celebrará la primera revisión de la implementación de los Acuerdos de París, recomendando actuar a los inversores desde este mismo momento.

A IPR le preocupan las catástrofes derivadas del cambio climático, las presiones sociales y electorales, los problemas derivados de la alimentación, la energía y las inquietudes derivadas de la [mal] llamada seguridad nacional. Más o menos, el mismo desasosiego que manifiesta el ejército de Estados Unidos, lo que muestra la coincidencia de intereses entre mercados y uniformados.

La gran pregunta es si el IPR anticipa el futuro o si, como es de temer, convierte en profecía una decisión ya adoptada, que conoce perfectamente y de la que informa de manera interesada e indirecta, dirigiéndose a su nicho de negocio intentando no levantar sospechas. Una forma de asegurar el negocio creando el ambiente propicio, calificándolo de inevitable.

## EPÍLOGO: ACAPARAR CON TODO

De todo lo descrito se deduce la intención de los poderes políticos y financieros dominantes de dejar para más adelante cualquier medida que sea efectiva de veras contra la emergencia climática y que pueda alterar el funcionamiento del sistema económico. De ninguna manera se quiere parar, con honorables excepciones, el proceso de transferencia de riqueza y desposesión de las clases populares hacia los ricos. No importan ni las desigualdades ni la inequidad. El gran capital quiere dejar pasar el tiempo, exprimir la capacidad de acumulación y asegurar la implementación y control de los nuevos nichos de negocio "verdes" por parte de las transnacionales, los poderes financieros y la oligarquía dirigente y solo actuar cuando no haya más remedio.

Entonces, con todas las manifestaciones de la crisis ecológica, económica, energética y social exacerbadas, y atemorizando con las consecuencias de la inacción climática, se aplicarán medidas contundentes, se pedirá sacrificios a la ciudadanía culpándola de todos los males, para así alargar lo máximo posible los privilegios de un sistema económico, el capitalismo, que agota su tiempo. Serán medidas de *shock* climático con la intención de bloquear la ciudadanía y evitar su organización y respuesta. Sacrificios para la ciudadanía. Negocios para las clases dirigentes. En nombre de priorizar la protección del planeta, cargarse el bienestar para no perder el control ni redistribuir la riqueza. Y lo llamarán como quieran, pero no será otra cosa que capitalismo en su versión más excluyente, agresiva y destructora que puede llegar a ser ecofascismo.

Se acerca una crisis económica por la escasez de recursos que disminuirá las emisiones de $CO_2$ pero no lo suficiente como para que la temperatura no suba más de 1,5 °C. No sabemos tampoco si ascenderá hasta la fatídica frontera de los 1,7 °C, la peor de los 2 °C, o vete a saber hasta dónde si perdura la inacción. La ciudadanía debe comprender que no se puede detener el cambio climático aunque suspendiéramos todas las emisiones ahora mismo. Pero sí podemos evitar que empeore y adaptarnos, con transformaciones profundas del modelo socioeconómico y cultural. Y para ello hay que forzar a los poderes económicos y políticos a que procedan ahora mismo.

Vamos, queramos o no, apostilla Antonio Turiel, a una situación de decrecimiento de la base material que sustenta nuestra civilización, desde los combustibles fósiles hasta los materiales, derivada de la finitud del planeta. Cada vez tendremos menos y tendremos que aprender a vivir con menos. La respuesta, activa y preventiva, está en manos de la ciudadanía. Nosotros decidimos si nos sometemos o si nos organizamos y actuamos antes de que sea demasiado tarde. He aquí la magnitud del desafío.

# Clima y pandemia: la suma de emergencias

**A escala planetaria la temperatura media ha subido 1,25 °C desde el periodo preindustrial. Y superará los +1,5 °C alrededor de 2030. De no hacer nada se llegará a +2 °C antes de mediados de siglo. En Cataluña, la media ha subido casi 2 °C desde el periodo preindustrial, previéndose alcanzar +3 °C hacia el 2040. Somos víctimas de una pandemia, la biosfera no para de calentarse y 2020 ha sido, globalmente, el año más cálido de la historia, empatado con 2016. Estamos poniendo las bases de un nuevo estadio climático invernadero, menos habitable en general, que convertirá en inhóspitas muchas partes del planeta (ya está pasando), y hará la vida más difícil en todas**

## LA SALUD DEL PLANETA LANZA NUEVOS GRITOS DE AUXILIO

Vivimos tiempos contradictorios. Las recetas contra las diferentes crisis que conforman la emergencia global que vivimos se oponen unas a otras y amenazan con aniquilarse. También las necesidades que nos acucian chocan por antitéticas, como los conocimientos que sustentan nuestras vidas y los que nos harían falta para vivir de otra manera y alcanzar un nuevo estado de bienestar. Materia y antimateria a punto de colisionar y desencadenar un colapso planetario: económico, ecológico, de salud global (figura 1).

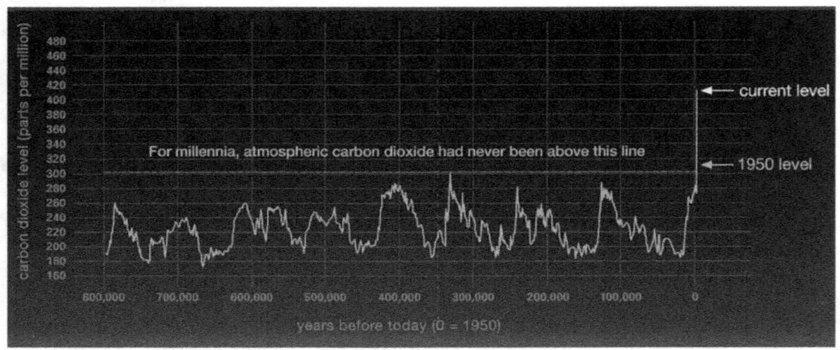


**Figura 1.** Este gráfico, basado en la comparación de las muestras atmosféricas contenidas en los núcleos de hielo (véase https://icecores.org/about-ice-cores) y las mediciones directas más recientes, aporta pruebas de que el $CO_2$ atmosférico ha aumentado desde la Revolución Industrial. (*Fuentes:* Luthi, D., *et al.* 2008; Etheridge, D.M., *et al.* 2010; datos del núcleo de hielo de Vostok/J.R. Petit *et al.*; registro de $CO_2$ de la NOAA en Mauna Loa.)

Recuperar el crecimiento reclamado por la mayoría de personas como salvavidas de la inequívoca crisis socioeconómica que padecemos, crecimiento convenientemente renombrado (el lenguaje importa) "recuperación de la normalidad", es la peor solución para la crisis global que ya nos amenazaba antes de la pandemia. Al fin y al cabo, es la *normalidad* que ya habitaba entre nosotros la que nos ha llevado hasta aquí.

Somos víctimas de una pandemia, la biosfera no para de calentarse y 2020 ha sido, globalmente, el año más cálido de la historia, empatado con 2016. Y 2021 empieza con un mes de enero en que, mientras en el Ártico la temperatura se ha situado 20 °C por encima de la media,[1] y en Grecia han vivido una ola de calor con Atenas a 22 °C y Creta a 28 °C —temperaturas que llevaron a la gente a la playa— en España,

[1] https://www.severe-weather.eu/global-weather/arctic-circle-unusual-temperature-wave-january-2021-fa/.

país también mediterráneo, se han producido olas de frío y nevadas históricas, compatibles con el cambio climático, que han colapsado la capital y causado temperaturas extremas de hasta –25 °C. Un buen ejemplo de lo que está por venir y hay que prever.

En Cataluña, donde la previsión tampoco abunda, tormentas cada vez más fuertes golpean año tras año el litoral, se llevan playas, deterioran infraestructuras costeras y se comen el delta del Ebro, un territorio que expresa perfectamente lo que supone el cambio climático asociado a la mala gestión del río (falta de caudal ecológico —exceso de regadío— y falta de sedimentos retenidos en los embalses).

Si miramos al sur global, observamos cómo aumentan los procesos migratorios debido al cambio climático (más de 25 millones de personas desplazadas en 2019 por ciclones, tormentas, inundaciones, deslizamientos, sequías, incendios forestales, pérdida de territorio por el avance del mar…), guerras por los recursos y su explotación en beneficio de los países ricos (extractivismo, apoderamiento energético, agotamiento de la pesca…) que son, además, los principales responsables de las emisiones de gases con efecto invernadero (GEI).

Según Oxfam, el grupo de países calificados por Naciones Unidas como menos desarrollados, que incluye los 47 más pobres del planeta y con menor desarrollo humano, solo es responsable de un 0,8 % de las emisiones totales de GEI. En cambio, desde 1960, el 50 % del $CO_2$ expulsado a la atmósfera proviene de países industrializados miembros de la OCDE.

La crisis global, pues, está ligada al excesivo consumo, derivada de un estilo de vida rico de personas que habitan países ricos (no todas, porque la desigualdad y la desposesión están aumentando también en el norte global). Resultado:[2] 46 millones de desplazados



[2] https://news.un.org/es/story/2020/06/1476202.

en otras áreas de sus propios países del sur global y hasta 80 millones de personas que han tenido que abandonar su lugar de nacimiento. Y aumentando.

Socialmente, todo ello supone más diferencias sociales, más exclusión, que los ricos sean más ricos y los pobres más pobres (antiguas clases medias incluidas) y, en definitiva, más desigualdades, más desposesión y menos equidad. Desventajas, todas ellas, evitables. Más agudizadas en el sur y cada vez más cotidianas y duras en el norte.

## EL EFECTO INVERNADERO

Crecer, tal como se contempla en las políticas empujadas por el sistema económico vigente, significa reactivar el uso de las energías fósiles y supone verter más cantidad de sustancias que, por sí solas o por reacciones químicas, contaminan y calientan la biosfera: litosfera (vivimos en la superficie emergida de la capa sólida más externa), hidrosfera (todas las aguas) y la atmósfera (gases que rodean la Tierra y de donde obtenemos el aire para respirar), y todos los organismos vivos. Y matan prematuramente.

La prueba la tenemos en el G20 (80 % de las emisiones mundiales) que ha decidido dedicar, desde el comienzo de la covid-19 hasta ahora, 242.300 millones de dólares al fomento de las energías fósiles, por tan solo 180.620 millones para las renovables. Un total de 52,84 dólares per cápita para energías fósiles, sin ninguna condición limitadora, frente a tan sólo 39,39 para renovables[3] (figura 2).

Las partículas (PM2,5 —las peores— y PM10), el ozono troposférico ($O_3$), los óxidos de nitrógeno ($NO_X$) y dióxido de azufre ($SO_2$), que





[3] https://www.energypolicytracker.org/region/g20/.

se generan al quemar combustibles fósiles, contaminan la atmósfera y, al añadirse al aire que respiramos, causan la muerte prematura y evitable de entre medio millón y 800.000 personas en Europa (30.000 en España). En el mundo, donde nueve de cada diez personas respiran aire contaminado, solo las partículas finas (PM2,5) causan siete millones de muertes antes de tiempo. El exceso de ozono troposférico mata entre 1.500 y 1.800 personas cada año en España. En Cataluña, afecta a más de la mitad de la población y al 90 % del territorio. A este respecto es muy revelador el estudio del ISGlobal sobre la contaminación en las ciudades y muertes evitables.[4]

Los GEI han estado siempre presentes en la atmósfera y de manera natural. Son transparentes a la luz solar: la radiación pasa en su mayor parte, a través de la atmósfera y calienta la superficie de la litosfera, energía que luego emite parcialmente en forma de radiación térmica. Los GEI acumulados impiden que la energía vuelva al espacio exterior, al absorber una buena parte y remitirla en todas direcciones, calentando así la superficie de la Tierra y los océanos: es el efecto invernadero.

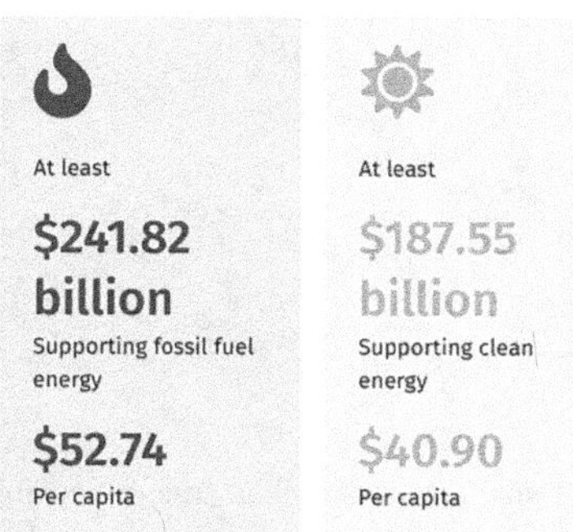


Figura 2. Desde el comienzo de la pandemia de la covid-19 a principios de 2020, los gobiernos de los países del G20 han comprometido al menos 484.820 millones de dólares para apoyar diferentes tipos de energía a través de políticas nuevas o modificadas, según fuentes gubernamentales oficiales y otra información disponible públicamente.[5]

[4] https://www.isglobal.org/-/un-estudio-muestra-las-ciudades-europeas-con-mayor-mortalidad-relacionada-con-la-contaminacion-del-aire.
[5] *Íbid.*

Al quemar combustibles fósiles, vertemos más GEI en la atmósfera (dióxido de carbono, metano, gases fluorados u ozono troposférico) que se suman a las emisiones naturales —entre ellas el vapor de agua— y alteramos el equilibrio que ha permitido la vida tal como la conocemos, armonía sustentada en los acogedores 15 °C de media de la atmósfera inferior (figura 3).

A pesar de la disminución de $CO_2$ derivada de la baja actividad económica causada por la pandemia (un 7 % aprox.), los índices de concentración de $CO_2$ en la atmósfera han continuado subiendo[6] y en enero de 2021 es de 2,20 ppm superiores a hace un año (+ 0,53 %). El momento más alto fue el día 1 de junio de 2020, con 418,32 ppm.

Recordemos que el Programa de Naciones Unidas para el Medio Ambiente (PNUMA), en el informe sobre la disparidad en las emisiones, presentado en noviembre de 2019, recomendaba, para evitar el aumento de 1,5 °C de la temperatura media del planeta, que las emisiones se

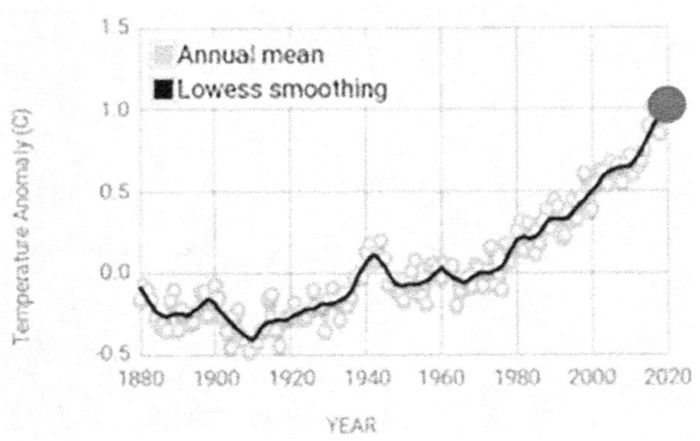


Figura 3. Este gráfico ilustra la evolución de la temperatura global en superficie con respecto a las temperaturas medias de 1951-1980. Diecinueve de los años más cálidos se han producido desde 2000, con la excepción de 1998. (*Fuente:* NASA/GISS.)



[6] https://news.un.org/es/story/2020/12/1485312.

debían reducir un 7,6 % cada año hasta 2030, y que ha sido necesario un año como este 2020, con el paro de la economía por la pandemia, para casi conseguirlo.

A la magnitud del esfuerzo se le añaden dificultades objetivas para alcanzarlo.

Jason Hickel, de la Goldsmits University de Londres, y Giorgos Kallis, del Instituto de Ciencia y Tecnología Ambiental de la Universidad Autónoma de Barcelona (ICTA-UAB), publicaron un artículo en *New Political Economy* titulado «¿Es posible el crecimiento verde?».[7] Y su respuesta a esta pregunta fue: no. Argumentaban que si el sistema económico quiere evitar que la temperatura suba más de 2 °C, el PIB no puede crecer más del 0,5 %. (Porcentaje insuficiente para ser considerado crecimiento.) Pero si lo que se pretende es evitar el aumento de la temperatura en 1,5 °C, entonces el decrecimiento es inevitable (figura 4).

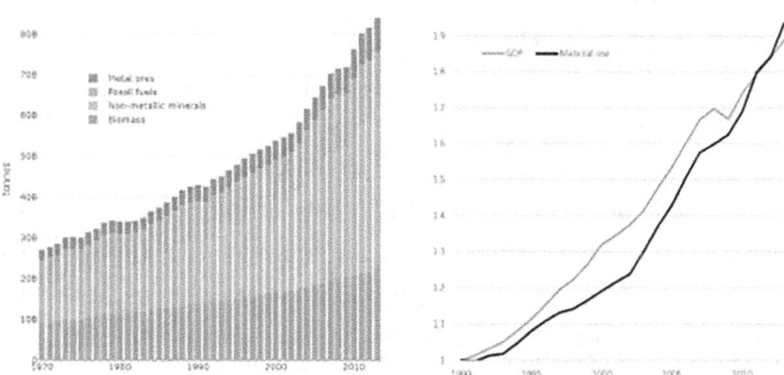

Figura 4. a) Huella material mundial, 1970-2013; b) cambio en la huella material mundial comparado con el cambio en el PIB mundial (en dólares constantes de 2010), 1990-2013. (*Fuente:* Materialflows.net/World Bank.)

[7] https://www.tandfonline.com/doi/abs/10.1080/13563467.2019.1598964?journalCode=cnpe20.

## EL CALENTAMIENTO

El año 2020 ha culminado el decenio más cálido desde que se dispone de registros. Ahora, la temperatura de la biosfera es 1,25 °C más alta que la media de la era preindustrial (promedio 1850-1900). Si calculamos que la temperatura está subiendo un 0,25 °C cada decenio, estamos, como mucho, a una década de superar el aumento de 1,5 °C que nunca se debería exceder. Y a dos décadas de superar los +1,7 °C, punto que el Informe Especial del IPCC presentado en Incheon, Corea del Sur, el 8 de octubre de 2018 [apartado D.1,2] señalaba como *tipping point*, el punto de no retorno, aquel momento en el que se pierde la capacidad de revertir los hechos: "Si la temperatura excede 0,20 °C los +1,5 °C, [es decir] si llega a ser 1,7 °C más alta que la media de la era preindustrial, volver atrás, revertirla, supondría, con toda probabilidad, un esfuerzo de captura de carbono, económica y técnica, imposible de conseguir". Los +2 °C se alcanzarán antes de mediados del siglo.

En Cataluña (no puede ser demasiado diferente en España), el calentamiento es sumamente preocupante. El año 2020 ha sido el más cálido de la historia, empatado con 2017. La temperatura ha subido casi 2 °C desde el periodo preindustrial de referencia. Dice Marc Prohom, jefe del Área de Climatología del Servicio Meteorológico de Cataluña: "2020 ha tenido una anomalía de temperatura cercana a los 2 °C respecto a la media del periodo preindustrial". Y no es exagerado afirmar que se incrementa a un ritmo de 0,40 °C el decenio (+3 °C poco después de 2040). ¡Da miedo!

Con mucha probabilidad, hemos superado los *tipping points*, los umbrales que si se rebasan alteran el equilibrio de la biosfera, la *gota que colma el vaso*, en lenguaje popular, con respecto al deshielo del permafrost del Ártico, en general, y de Groenlandia, en particular. El aumento significativo del nivel del mar es inevitable.

Aumentando como lo estamos haciendo la temperatura media de la atmósfera y los océanos (absorben el 90 % del calor adicional derivado del vertido de GEI), estamos poniendo las bases de un nuevo estadio climático *invernadero*, menos habitable en general, que convertirá en inhóspitas muchas partes del planeta (ya está pasando), y hará la vida más difícil en todas partes.

## LA ALIMENTACIÓN

"La salud de los ecosistemas de los que nosotros y todas las demás especies dependen se está deteriorando a una velocidad nunca vista. Estamos erosionando los cimientos de las economías, los medios de vida, la seguridad alimentaria, la salud y la calidad de vida de todo el mundo."

Estas palabras las pronunció Robert Watson, presidente de la Plataforma Intergubernamental Independiente de Ciencia y Política sobre Biodiversidad y Servicios Ecosistémicos, IPBES. Son *servicios ecosistémicos* los beneficios que un ecosistema aporta a la sociedad y que mejoran la salud, la economía real y la calidad de vida de las personas.

Todas estas realidades se agravarán, remarca IPBES,[8] a menos que se adopten medidas para reducir drásticamente la intensidad de los impulsores de la pérdida de biodiversidad (directamente relacionada con la pérdida de salud): cambio de usos de la tierra y el mar, explotación directa de los organismos, cambio climático, contaminación, y el uso de especies invasoras.[9]

[8] https://ipbes.net/news/Media-Release-Global-Assessment.

[9] https://ipbes.net/sites/default/files/ipbes_7_10_add.1_es.pdf.

La pandemia de la covid-19 tiene, muy probablemente, su origen en la mala gestión de los ecosistemas. La colonización de nuevos territorios pone en contacto a los animales con virus con los que no habían interaccionado. Después, estos animales infectados contagian el virus a los humanos.

Delia Grace, epidemióloga, veterinaria y académica del Instituto de Recursos Naturales de la Universidad de Greenwich, en Londres, es autora principal del informe de Naciones Unidas *Previniendo la próxima pandemia: las zoonosis y cómo romper la cadena de transmisión*,[10] presentado en julio de 2020. Delia Grace argumenta que durante el último siglo han surgido cada vez más enfermedades infecciosas: vacas locas, gripe aviar, VIH-sida, gripe española, y ahora la covid-19 (figura 5).

El 75 % ha tenido como fuente animales salvajes. Y muchas infecciones han llegado a los humanos usando como *puentes* animales domésticos mucho más numerosos que los salvajes: pollos, cerdos, rumiantes y otros tipos de ganado. La demanda de proteína de origen animal —huevos, pollo, carne bovina, pescados— es una de las causas más importantes.

La industria está dominada por unos pocos tipos genéticos similares. Los animales están hacinados y estresados y, en estas circunstancias, su sistema inmunitario se debilita. En muchos países, las medidas de bioseguridad no son buenas. "Estamos observando una enorme presión sobre los ecosistemas impulsada por el aumento de población, con un enorme incremento de industrias extractivas", concluye el informe de Delia Grace. Y añade: "No basta con tratar los síntomas de la pandemia, se debe investigar de dónde viene el problema y, si no lo hacemos, tendremos más pandemias".

En juego está la salud de todo el planeta, una única salud basada en la interdependencia entre la actividad humana y los sistemas na-

[10] https://reliefweb.int/sites/reliefweb.int/files/resources/ZP.pdf.

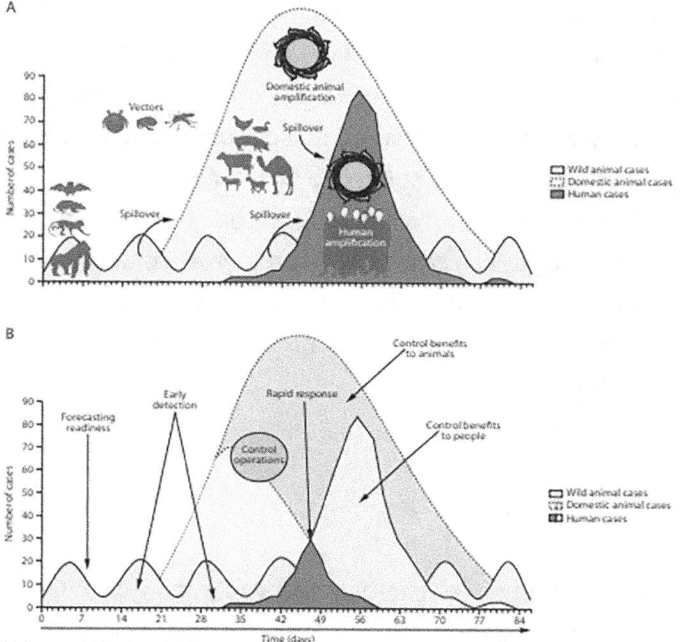


Figura 5. Importancia clínica de la ecología de las enfermedades. Los esfuerzos de detección y control tempranos reducen la incidencia de la enfermedad en las personas y en los animales. Las flechas de desbordamiento muestran la transmisión entre especies. (*Fuente:* Informe ONU citado.)

turales (agua, aire, tierra, biodiversidad) y su impacto en las personas y las demás especies que habitan la biosfera: una salud planetaria que estamos comprometiendo.

## EL CAPITALISMO VERDE Y SUS PARADOJAS

Ante un diagnóstico cada vez menos rebatible, ante la posibilidad de que acabe siendo público y notorio que las energías fósiles te daban futuro pero ahora te lo quitan, los poderes económicos, políticos, sociales europeos, y los que acompañan a Joe Biden, decidieron, para recuperar la iniciativa y dar respuesta a las inquietudes de la ciudadanía, formular una propuesta de ensueño, el *European (Green) New Deal.*

Una nueva forma de capitalismo *no perjudicial*, que se vende como ecológico, y en el que se da por hecho que se podrá conseguir la neutralidad de emisiones sustituyendo progresivamente las energías fósiles por renovables (bajas en carbono). Nos preguntamos, sin embargo, ¿es posible este tipo de neocapitalismo que propone la UE, o es un disfraz, un camuflaje de las verdaderas intenciones que esconde, aprovechando el auge del *Green New Deal*?

## QUÉ DICEN LOS DATOS

En general, asociamos las energías renovables con la obtención de energía ambientalmente sostenible. Pero, ¿realmente lo son?

De todas las materias primas que se producen en el mundo, Europa necesita un 20 % y solo obtiene un 3 % en su propio territorio (85 % de déficit de producción). Le falta pues un 17 % de la producción mundial que *consigue* fuera de sus fronteras. Si además quiere aumentar la fabricación de placas solares, aerogeneradores, acumuladores de energía, coches eléctricos y otras *necesidades* para hacer realidad el *sueño verde*, precisará acaparar aún más materiales, minerales y energía procedentes de los países productores.

Situémonos a escala global y empleemos datos tan *oficiales* como son los del Banco Mundial (BM). El 11 de mayo de 2020, el BM publicaba el informe *Minerales for Climate Action: The Mineral Intensity of the Clean Energy Transition.*[11] Se describe qué se necesita para conseguir la

[11] http://pubdocs.worldbank.org/en/961711588875536384/Minerals-for-Climate-Action-The-Mineral-Intensity-of-the-Clean-Energy-Transition.pdf.

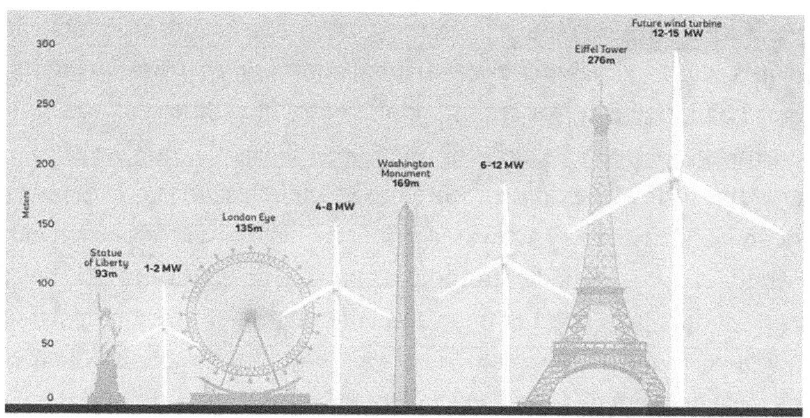


Figura 6. Evolución eólica. (*Fuente:* Banco Mundial.)

transición energética, y detalla cuánto se debería aumentar la producción. Hacen falta, se afirma, 3.000 millones de toneladas de minerales y metales estratégicos: cobre, níquel, cobalto, litio, cromo, molibdeno, grafito, aluminio, indio, hierro, plomo, manganeso, neodimio, plata, titanio, vanadio y zinc, para desplegar la transición a eólica, solar y geotérmica (figura 6).

La producción de grafito, cobalto y litio —esenciales para el almacenamiento— debería aumentar un 500 % hasta 2050 para hacer frente a la demanda de materiales para las tecnologías energéticas *limpias* que *eviten* el aumento de 2 °C de la temperatura media de la biosfera. Preguntémonos en este punto qué cantidad sería necesaria si nos propusiéramos en el mismo tiempo, antes de 2050, evitar el aumento de un 1,5 °C a través de una sustitución de fuentes energéticas. Serían muchos más materiales y minerales, y energía, porque habría que construir muchas más herramientas renovables para sustituir más deprisa las fósiles.

Y aun así no sería suficiente, porque hay otros inconvenientes que contradicen los argumentos que sustentan el capitalismo verde. Primero, que para manipular metales y minerales con los que fabricar placas solares, aerogeneradores, acumuladores de energía renovables, etc., habrá que emplear en una primera fase (e incluso más adelante cuanto toque reemplazarlas al final de su vida útil), que será larga, energías fósiles (¿de dónde sacaremos la energía si no?), que deteriorarán los ecosistemas y agravarán el calentamiento y la contaminación. Segundo, que su tasa de retorno energético (TRE o EROI) es más baja, es decir, que para obtener una cantidad determinada de energía, hay que invertir muchas más unidades de energía (renovable o no) en el proceso de producción que en el caso de las fósiles, puesto que el rendimiento con fósiles es mucho más alto que con renovables. Tercero, que las renovables dependen de las condiciones meteorológicas. Si no se quiere perder parte de la producción y emplear los excedentes cuando no haya sol o viento, será necesario almacenar la energía utilizando hidrógeno, pilas de combustible, etc. que también se deberán fabricar y necesitarán la extracción y manipulación de metales y minerales. Y cuarto, que es imposible electrificar toda la economía, porque no todas las actividades se pueden realizar con aparatos eléctricos. ¿Cuál es el porcentaje máximo que puede aportar la electricidad al *mix* energético global? ¿Qué cantidad de la energía consumida en estos momentos se puede producir con renovables? Argumenta Antonio Turiel, investigador en el Instituto de Ciencias del Mar, doctor en física teórica y autor del prestigioso blog *The Oil Crash*:[12] "Las renovables tienen límites. Cuando uno analiza con cuidado cuál es el potencial máximo que nos puede dar la hidroeléctrica, la eólica o la solar, se encuentra que solo se puede producir alrededor del 30 % del total de la energía que hoy se está consumiendo en el mundo, 40 % a lo sumo. En el caso de los biocombustibles de primera generación, aunque usáramos todos los





[12] https://crashoil.blogspot.com/.

campos del planeta para producir cereales destinados a su producción, solo lograríamos generar 15 millones de barriles diarios. Es una cifra pobre, si tenemos en cuenta que ahora mismo estamos consumiendo una media de 95 millones diarios".

Ergo, nos guste o no, la transición a las renovables implica decrecimiento energético y, en consecuencia, el fin del crecimiento que es imprescindible para la perdurabilidad del capitalismo.

## EL PROBLEMA ES MUNDIAL Y LOS DERECHOS TAMBIÉN

Con estos datos a la vista, es evidente que la UE, para hacer frente a la transición a las energías bajas en carbono, tendrá que ir a buscar fuera de las fronteras comunitarias aún muchos más recursos que hasta ahora, aunque se proponga reactivar viejas minas abandonadas (también en España se reabren buscando minerales/metales estratégicos y energía). Salta a la vista, pues, que la UE se verá obligada a aumentar su dependencia más allá del 85 % y su acaparamiento exterior más allá del 17 %. Así pues, para evaluar si de verdad son verdes las políticas propuestas por la UE, habrá que saber, primero, a qué nivel llegará el déficit de minerales y metales (y energía) y si será soportable; y segundo, ¿con qué huella ecológica, con qué condiciones se quieren obtener los recursos, con qué consecuencias sociales? ¿Respetando las comunidades con igualdad/equidad, favoreciendo la gobernanza de los pueblos enfocada a la justicia climática, sin discriminaciones ni racismo, o como se ha hecho hasta ahora, a base de extractivismo, especulación, empobrecimiento, discriminación, racismo, guerras y necropolíticas genocidas?

Para ser *verde*, no calentar ni contaminar el planeta, no basta con buscar la neutralidad de emisiones en Europa, sino que es necesario que la energía y materiales que se importan no lleven a la espalda una mo-

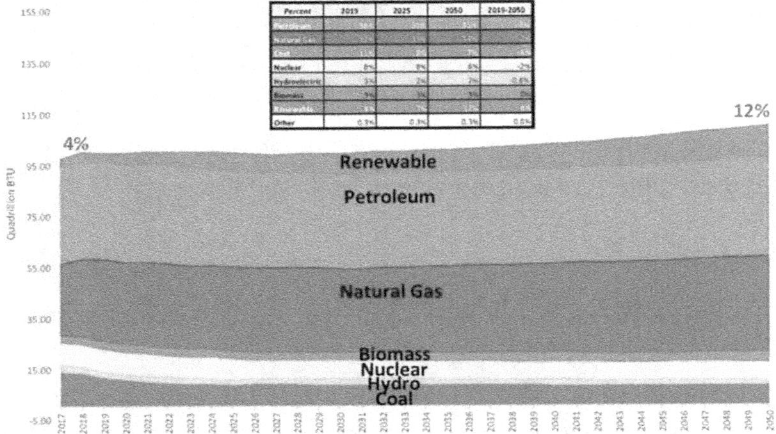


Figura 7. Se espera que las fuentes de energía renovable representen el 12 % del uso de energía en Estados Unidos en 2050. (*Fuente:* EIA AEO 2020 y Labyrinth Consulting Services, Inc.)

chila de emisiones y contaminación (externalización de la producción contabilizando las consecuencias del consumo en países terceros), camuflando la huella (figura 7). Sin olvidar, además, que estos minerales/metales imprescindibles para las tecnologías bajas en carbono, además de estar sometidos a la especulación de las transnacionales (reducción de la oferta/volatilidad de precios) y a las consiguientes repercusiones geopolíticas, conllevan importantes daños ambientales y graves secuelas sociales en su extracción (minería intensiva).

## RENOVABLES DISCRIMINATORIAS

El 23 de noviembre de 2020, *Environmental Research* publicaba un estudio de la Universidad McGill de Canadá y del ICTA-UAB, encabezado por Leah Temper, y en el que participa Joan Martínez Alier, uno de los investigadores catalanes de mayor prestigio mundial. El estudio mapea 649 casos de movimientos sociales de resistencia asociados a proyectos tanto de combustibles fósiles como de energía verde. Movimientos que configuran los futuros climáticos: un mapeo sistemático de las protestas contra proyectos de combustibles fósiles (FF) y energía baja en carbono (LCE).[13]

El artículo científico llega a las siguientes conclusiones:

> "La evidencia pone de manifiesto que los proyectos de bajo consumo de carbono, energías renovables y mitigación son casi tan conflictivos como los proyectos FF (el 30 % de los conflictos FF y el 26 % de los proyectos LCE son de alta intensidad) y que ambos tipos de proyectos afectan especialmente grupos vulnerables, como las comunidades rurales y pueblos indígenas (los pueblos indígenas participan en el 58 % de los casos analizados). Entre los proyectos de LCE, se encontró que la energía hidráulica era especialmente perjudicial para el medio ambiente y para la sociedad, conduciendo al desplazamiento masivo y a la transformación a gran escala de los ecosistemas. Los incidentes de represión o violencia contra manifestantes y defensores de la tierra se produjeron en un tercio de los casos, con respuestas violentas más frecuentes en conflictos hidroeléctricos, biomasa, oleoductos y extracción de carbón. El 10 % de todos los casos implicaron el asesinato de activistas. Los proyectos de energía renovable eólica, solar y geotérmica fueron los menos conflictivos y comportaron niveles de represión más bajos que otros proyectos. Encontramos que los movimientos están impulsados por múltiples preocupaciones, el cambio climático en-



[13] https://iopscience.iop.org/article/10.1088/1748-9326/abc197.

tre ellas, y sus reivindicaciones y objetivos incluyen la localización, la participación democrática, las cadenas energéticas más cortas, el antirracismo, la gobernanza enfocada a la justicia climática y el liderazgo indígena."

Mediante los conflictos, las comunidades pretenden informar de manera significativa del régimen energético que viene. Atender estas demandas es esencial para guiar la transición, no solo hacia un futuro resistente al clima, bajo en carbono y orientado a la suficiencia energética, sino también hacia un sistema de gobernanza global más justo para los bienes comunes de la atmósfera.

## "HAY QUE REDISTRIBUIR LA RIQUEZA, FOMENTAR LA EQUIDAD"

Las renovables no son, pues, tan *verdes* como presuponíamos. Tampoco en el mundo rico en general, ni en nuestro país en particular. Las políticas climáticas[14] están aumentando las desigualdades y favoreciendo la desposesión, suponiendo la transferencia más grande de dinero que nunca se ha visto desde los más pobres hacia los más ricos.

En este sentido, un estudio de Thomas Wiedmann (UNSW Sydney School of Civil and Environmental Engineering), de Manfred Lenz (Universidad de Sydney School of Physics), de Lorenz T. Keysser (ETH Zürich Department of Environmental Systems Science) y de Julia K. Steinberger (Leeds University's School of Earth and Environment)[15] concluye que los ciudadanos más ricos del mundo son los responsables de la mayor parte de los impactos ambientales. Cualquier transición solo será efectiva con grandes cambios en los estilos de vida. Sin embargo, el

[14] https://www.sciencedaily.com/releases/2017/06/170629142958.htm.
[15] https://www.nature.com/articles/s41467-020-16941-y.

imperativo estructural del crecimiento de la economía sistémica, incita a la expansión del consumo de las sociedades, economías y culturas existentes e inhibe el cambio social necesario.

La humanidad necesita reconsiderar el papel de la economía orientada al crecimiento, el paradigma del consumo —que no puede separarse de los impactos ambientales, aunque los consumidores tengan poco control sobre las decisiones que perjudican el medio ambiente— y del crecimiento económico.

La humanidad necesita reconsiderar el papel de la economía orientada al crecimiento

Si de verdad se pretende que la transformación energética tenga futuro y no sea rechazada por discriminatoria, es ineludible evitar el aumento de las desigualdades, eliminar los privilegios verdes, mejor dicho, todos los privilegios, y pensar cómo vivir de otra manera. ¿Es lo que se quiere de verdad, o solo son palabras, lenguaje, propaganda?

## LOS CIENTÍFICOS ADVIERTEN: "TENEMOS QUE VIVIR DE OTRA MANERA"

Tres propuestas de actuación presentadas por científicos demuestran que sí se puede actuar y que tan solo es necesaria la voluntad. La conclusión es que cualquier transición solo será efectiva con grandes cambios en los estilos de vida.

La crisis que nos atañe no se resuelve solo sustituyendo unas energías (fósiles) por otras (bajas en carbono), aunque indiscutiblemente es imprescindible (figura 8).

A la vista del decrecimiento energético inevitable derivado de la transición a renovables, es necesario plantearse también si el sistema de vida que estamos utilizando, lo que llamamos *estilo de vida*, cómo construimos nuestro presente y vislumbramos el futuro, es el más adecuado para garantizar un porvenir habitable y posible, o por el

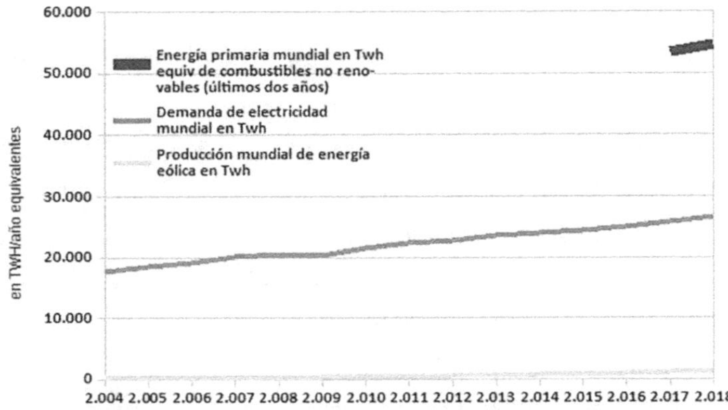


Figura 8. Producción de energía eólica respecto del consumo de electricidad mundial y del consumo de energía primaria no renovable (fósil + nuclear) en TWh equivalentes. (Datos del informe anual de British Petroleum.)

contrario hay que cambiar la manera de vivir, de buscar la satisfacción, el bienestar, la felicidad.

Para demostrar que no es verdad que no hay alternativas posibles, recogemos tres propuestas lanzadas por los científicos que se deberían aplicar desde ya.

## ONCE MIL CIENTÍFICOS DE TODO EL MUNDO: *POR UN FUTURO SOSTENIBLE*

Once mil científicos de todo el mundo firmaban el 6 de junio de 2020 un manifiesto[16] donde se afirma:

> "La crisis climática ha llegado y se acelera más rápidamente de lo que esperaban los científicos, amenazando los ecosistemas naturales y el destino de la humanidad [...] Los científicos tienen la obligación





[16] https://academic.oup.com/bioscience/article/70/1/8/5610806.

moral de advertir claramente a la humanidad de cualquier amenaza catastrófica y de decirlo tal y como es [...].

Y aconsejaban:

"Para asegurar un futuro sostenible, tenemos que cambiar nuestra manera de vivir, de manera que mejoren los signos vitales [...]."

Son especialmente inquietantes: además del aumento de los GEI, la desaparición rápida del hielo, como lo demuestra el decrecimiento del hielo marino ártico en su mínimo estival; la disminución de las capas de hielo de Groenlandia y la Antártica y el espesor de los glaciares de todo el mundo... También el calor absorbido por los océanos; y la acidez; el nivel del mar; el clima extremo y los daños derivados... Y los posibles puntos de no retorno climáticos *(tipping points)*, umbrales irreversibles que si se traspasan podrían conducir a una catastrófica *tierra cocedero* (figura 9).

El crecimiento económico y demográfico es uno de los motores principales del aumento de las emisiones de $CO_2$ procedentes de quemar combustible fósil. Necesitamos transformaciones audaces y drásticas en cuanto a las políticas económicas y de población. Los científicos sugieren seis pasos críticos[17] y relacionados entre sí (en ningún orden particular) que pueden hacer los gobiernos, las empresas y el resto de la humanidad para disminuir los peores efectos del cambio climático:

- El mundo debe implementar rápidamente prácticas de conservación y eficiencia energética masivas y debe sustituir los combustibles fósiles por energías renovables bajas en carbono y otras

[17] https://www.scientificamerican.com/article/the-climate-emergency-2020-in-review/.

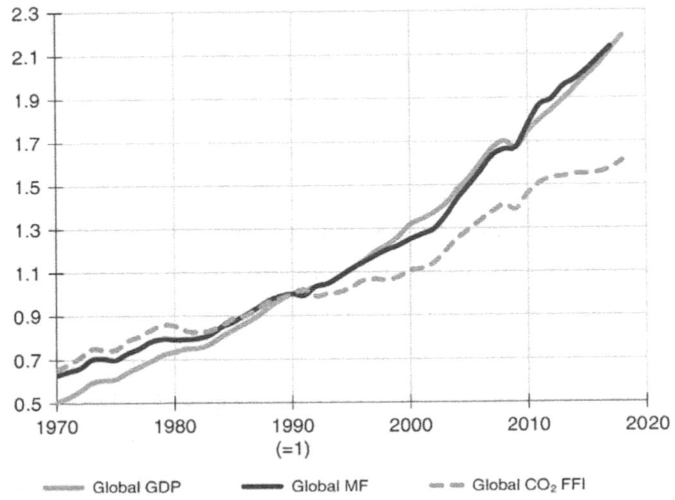


Figura 9. Cambio relativo de los principales indicadores económicos y medioambientales mundiales entre 1970 y 2017. Se muestra cómo han cambiado la huella material global. (*Fuente: Scientists' warning on affluence, Nature*, en https://www.nature.com/articles/s41467-020-16941-y.)

fuentes de energía más limpias, si son seguras para las personas y el medio ambiente.

- Tenemos que reducir rápidamente las emisiones de contaminantes climáticos de corta duración, incluido el metano, el carbono negro (hollín) y los hidrofluorocarbonos (HFC). Hacerlo podría ralentizar los bucles de retroalimentación climática y reducir potencialmente la tendencia de calentamiento a corto plazo en más de un 50 % durante las próximas décadas, salvando millones de vidas y aumentando los rendimientos de las cosechas debido a la reducción de la contaminación atmosférica.
- Debemos proteger y restaurar los ecosistemas de la Tierra. El fitoplancton, los arrecifes de coral, los bosques, las sabanas, las praderas, los humedales, las turberas, los suelos, los manglares y las gramíneas marinas contribuyen en gran medida al secuestro

de $CO_2$ atmosférico. Las plantas marinas y terrestres, los animales y los microorganismos tienen un papel importante en el ciclo y el almacenamiento del carbono y los nutrientes. Debemos reducir rápidamente la pérdida de hábitat y biodiversidad protegiendo los bosques primarios e intactos restantes, especialmente aquellos con altas reservas de carbono y otros bosques con capacidad de secuestrar rápidamente el carbono, aumentando la reforestación y forestación, en su caso, a enormes escalas.

- Comer principalmente alimentos de origen vegetal, mientras se reduce el consumo global de productos animales, especialmente el ganado rumiante puede mejorar la salud humana, y reducir significativamente las emisiones de GEI (incluido el metano en la sección contaminantes). Además, esto liberará las tierras de cultivo para cultivar alimentos vegetales humanos muy necesarios en lugar de piensos para el ganado, al tiempo que liberará algunas tierras de pasto para apoyar soluciones climáticas naturales. Las prácticas de cultivo, como un cultivo mínimo, que aumentan el carbono del suelo son de vital importancia. Tenemos que reducir drásticamente la enorme cantidad de desperdicio de alimentos en todo el mundo.
- La extracción excesiva de materiales y la sobreexplotación de los ecosistemas, impulsada por el crecimiento económico, se limitará rápidamente para mantener la sostenibilidad a largo plazo de la biosfera. Necesitamos una economía libre de carbono que aborde explícitamente la dependencia humana de la biosfera y políticas que orienten las decisiones económicas en consecuencia. Nuestros objetivos deben dejar de lado el crecimiento del PIB y la investigación debe dirigirse hacia la sostenibilidad de los ecosistemas y la mejora del bienestar humano priorizando las necesidades básicas y reduciendo la desigualdad.
- La población mundial aumenta aproximadamente en ochenta millones de personas por año, o más de 200.000 por día. Hay

que estabilizarla e, idealmente, reducirla gradualmente en un marco que garantice la integridad social. Hay políticas probadas y efectivas que refuerzan los derechos humanos, al tiempo que reducen las tasas de fertilidad y disminuyen los impactos del crecimiento de la población sobre las emisiones de GEI y la pérdida de biodiversidad. Estas políticas hacen que los servicios de planificación familiar estén disponibles para todas las personas, eliminan las barreras de acceso y consiguen la plena equidad de género, incluida la educación primaria y secundaria como norma global para todos, especialmente las chicas y las mujeres jóvenes.

## CSIC: *PARA CONSERVAR LA BIODIVERSIDAD*

El 13 de abril de 2020, la publicación *Conservation Letters,*[18] de la Society for Conservation Biology, daba a conocer un estudio firmado por 22 investigadores de 12 países, en el que se afirma:[19]

> "El aumento del consumo de recursos y emisiones contaminantes como consecuencia del crecimiento económico no es compatible con la conservación de la biodiversidad. Sin embargo, la mayoría de políticas internacionales de biodiversidad y sostenibilidad abogan por el crecimiento económico."

El informe propone cambiar las prioridades: partir primero de objetivos de conservación de la biodiversidad y el bienestar humano, para después estudiar con qué trayectorias económicas se podrían cumplir.

[18] https://conbio.onlinelibrary.wiley.com/doi/full/10.1111/conl.12713.
[19] https://www.csic.es/en/node/1250112.

- Limitar la comercialización de recursos al alcance internacional. Se reduciría así la extracción de recursos y la expansión de especies invasoras.
- Restringir la actividad de las industrias extractivas en áreas de elevada biodiversidad y retirarles los subsidios, para evitar pérdida y fragmentación de hábitats. Moratorias de extracción en regiones altamente sensibles.
- Reducir la expansión de grandes infraestructuras. Reexaminar si se necesitan nuevos aeropuertos, embalses o autopistas.
- Reducir la semana laboral y repartir el trabajo.
- Fomentar el desarrollo agroecológico y la soberanía alimentaria. Favorecer el apoyo gubernamental a los sistemas agrícolas sostenibles y los alimentos locales y ecológicos.
- Priorizar una planificación urbana compacta y el uso compartido de vivienda. Promover el uso eficiente del suelo mediante soluciones integradas de vivienda colectiva, el control de los alquileres, y la limitación del suelo disponible para la urbanización y expansión periurbana. Reducir la presión de la urbanización sobre los suelos agrícolas periurbanos.
- Informar sobre el impacto que la producción tiene sobre la diversidad biológica. Gravar la publicidad que fomente la sobreexplotación de las especies y los suelos.

## UNIT BIOS HELSINKI: "HAY QUE ABANDONAR LOS COMBUSTIBLES FÓSILES"

En una línea similar pero más sintética, se expresó Paavo Järvensivu, economista biofísico de la Unit Bios de Helsinki[20] cuando le pregunta-



[20] https://bios.fi/en/dashboard-for-transition-politics/.

mos qué actuaciones prioritarias deberían llevarse a cabo sin dilación. Mencionó tres:

- Calentar y enfriar casas y producir electricidad sin quemar carbón ni ningún otro combustible fósil.
- Transportar personas y mercancías sin quemar petróleo ni ningún otro combustible fósil.
- Producir alimentos de manera que el suelo se regenere en lugar de erosionarlo.

Para conseguir estos propósitos es necesario ineludiblemente reflexionar sobre el dinero.

## CÓMO SE FABRICA EL DINERO

¿Por qué la creación de dinero —el elemento material más importante de la vida social— es un negocio en manos de entidades ajenas al escrutinio ciudadano —banca comercial— y no un bien público suministrado por el Estado?

Un 96 % del dinero lo fabrican los bancos privados cuando conceden un crédito. El dinero prestado no existen previamente, se crea de la nada, de un mero apunte contable: se apunta y ya *existe*. Sí, son los créditos los que crean los depósitos y no al revés. Los créditos no salen de depósitos financieros. Los ahorros son muy inferiores al dinero prestado.

Quien tiene el poder, pues, de crear el dinero, es decir, la deuda —porque se tiene que devolver— es quien tiene, en consecuencia, el poder social. Los bancos, pues, al crear el dinero tienen el poder de decidir a quién le dejan, en qué cantidad, a qué interés, con cuánto tiempo para devolverlo, y para hacer qué y qué no. De hecho, la práctica cotidiana demuestra que los préstamos se conceden a los sectores que dan más beneficio. En consecuencia, sirven, básicamente, para financiar las actividades más rentables, más improductivas y rentistas, especulativas, y no a dicha economía productiva, los emprendedores o a las empresas. Esto supone planificar y decidir la actividad económica, que ya no está en manos de los gobiernos.

> Un 96 % del dinero lo fabrican los bancos privados cuando conceden un crédito

El resultado es que los poderes ejecutivos y los legislativos tienen las manos atadas, porque en todo el mundo capitalista la facultad de crear dinero ha sido otorgada a los bancos centrales, independientes y por encima de los gobiernos, y a la banca privada/comercial, que crea dinero a través de la deuda y a la que deben dirigirse los gobiernos para pedir dinero y endeudarse. Y si los gobiernos no hacen lo que quiere el poder financiero, entonces las agencias de calificación, a manos de mercados/élites, no dudan en dinamitarlos, subiendo la prima de riesgo para encarecer la financiación, y culpar a los gobiernos de mala gestión.

¿Pueden los gobiernos hacer frente a la transformación descrita en este capítulo, obligados como están a obtener el dinero en los mercados financieros?

¿Sin la capacidad de fabricar dinero y decidir las políticas públicas, pueden los gobiernos oponerse al capitalismo verde que impulsan Bruselas y Washington?

# El bien común o el extremismo capitalista

**El futuro se nos muestra a menudo. A veces difuminado, a veces opaco. Pero, si miras donde toca, pierde el camuflaje. El futuro, transparente, nos enseña lo que hay más allá del límite del tiempo. La clave para entenderlo, para comprender el mensaje, está en nuestros sentidos, que deben dejar pasar las señales que nos llegan, sin alteraciones causadas por ideas preconcebidas. Y en nuestra mente, que debe saber interpretarlas libre de corsés ideológicos, de verdades absolutas implantadas, emancipada.**

## EL FUTURO

El cambio climático causado por la era del hidrocarburo es capaz de anticiparnos muestras perceptibles y cuantificables de lo que nos espera. De señalar los efectos más nocivos que se avecinan pero que a la vez ya están aquí como adelanto. Y que hacen daño, mucho daño.

Físicos: rachas de días de calor, aumento de la insolación, cambios en la fenología, contaminación, pérdida de la calidad del aire, aumento incontrolado de las temperaturas, del nivel del mar, deshielo, destrucción de los hábitats, de la biodiversidad, radicalización de los fenómenos atmosféricos, fuegos forestales cada vez más violentos que se mueven a gran velocidad y con capacidad para modificar el clima local.

Y sociales: muertes prematuras, nuevas enfermedades, acumulación de la riqueza en pocas manos, aumento de la pobreza, de las desigualdades. Destrucción/negación de la equidad, de los derechos humanos, de la vida digna. Discriminaciones por lugar de nacimiento, procedencia, clase social, género. Pérdida de salud colectiva, pública.

Manifestaciones que en el futuro serán aún más radicales. Hechos que en el presente son suficientemente significativos para evidenciar las señales de alerta. Presencias del futuro para hacer sonar las alarmas.

## LA EVOLUCIÓN

El cambio climático nos brinda la oportunidad de evolucionar. Analizar sus causas indica el camino. Sabemos a ciencia cierta que en Cataluña la temperatura habrá aumentado como mínimo 2 °C de media respecto al año 1950, antes de 2040, probablemente hacia 2030 (mínimo +2,4 °C a mediados del siglo). Que, en todas partes, antes de mediados del siglo, la temperatura habrá aumentado 2 °C de media, tope que los acuerdos de París dicen que no debe superarse en modo alguno. Y, si no detenemos la emisión de gases de inmediato y en todas partes, corremos el riesgo de llegar a +4 °C bastante antes de final de siglo, con consecuencias fatales (y los +6 °C, el colapso, enseñando las garras en el horizonte). Unos hechos que no son sobrevenidos ni repentinos, que están pasando y aceleradamente desde hace tiempo: desde que volcamos gases de efecto invernadero a la atmósfera para construir el futuro imperfecto del que disfrutamos. Tenemos la oportunidad de crear el paisaje resiliente de mañana.

Tenemos la oportunidad de crear el paisaje resiliente de mañana

Un fuego forestal de nivel alto arde en una región de Cataluña. Una urbanización incrustada en la naturaleza está amenazada. Muchos bosques de Cataluña están fuera de rango climático: son bosques de otros tiempos que necesitan evolucionar y el mejor camino es el fuego. Y arden con una intensidad inusitada.

Una vez salvadas las personas, los bomberos deben decidir si priorizan la defensa de la urbanización, de las propiedades privadas, o atienden al interés general del país y "ayudan" a que el fuego modifique el bosque y se adapte a las nuevas condiciones climáticas. Los bomberos no tienen suficientes efectivos —no los tiene ningún país del mundo— para responder a ambos problemas.

¿Qué hacer? se pregunta Marc Castellnou Ribau, jefe del Área del Grupo de Actuación Forestal (GRAF) de los Bomberos de la Generalitat de Catalunya. ¿Combatir el fuego o entenderlo? Las llamas no son siempre un enemigo. El paisaje debe cambiar; no podemos anclarnos en el pasado. La preferencia no debe ser apagar las llamas: debe ser gestionar la emergencia de forma que el paisaje que quede para mañana sea mucho más seguro, diverso y resiliente, con capacidad para sobrevivir a lo que vendrá. Pero no siempre podemos hacerlo. La prioridad obligatoria es, salvadas las personas, defender la propiedad privada. Cuando lo hacemos, no podemos controlar el fuego con visión de futuro y renunciamos a la ocasión de mudar el bosque, que es de toda la ciudadanía.

¿Bien común, interés general o propiedad privada?

No estamos en un proceso defensivo: estamos en un proceso creativo.

La evolución del bosque y del fuego a causa del cambio climático nos demuestra que debemos cambiar de paradigma. De la defensa del interés privado debe pasarse a la búsqueda del bien común. Los cambios, las transformaciones, no son fáciles de conseguir. Las decisiones están condicionadas por un consenso general en el que la propiedad privada está por delante de la visión y la misión de futuro. El beneficio inmediato por delante de la oportunidad colectiva. Un marco cultural que prioriza la propiedad personal. Una concepción del universo creada de forma interesadamente egoísta, que individualiza y evita, si no prohíbe, debates imprescindibles. Que acorta la mirada. Que impide ver el bosque completo, vislumbrar el futuro que se acerca. Una cosmovisión que combate el pensamiento crítico, las opciones discrepantes. Una esfera de dominación donde los resultados interesados, malintencionadamente previstos —también los electorales— prevalecen por encima de la creatividad previsora, de la prevención, de los bienes comunes.

## LA HUMANIDAD DEL HIDROCARBURO

Las energías fósiles, en especial el petróleo, han suministrado la energía que ha hecho posible el crecimiento económico —muy mal distribuido— sin precedentes en la historia de la humanidad. Y ese crecimiento ha disparado la demografía, la población mundial, la mayoría víctimas del pésimo reparto. A principios del siglo XIX no se alcanzaba los 1.000 millones de habitantes. En 1850, fecha en la que se sitúa el inicio del cálculo de aumento de la temperatura, éramos 1.263 millones. A principios del siglo XX, 1.650. En 1950, terminada la Segunda Guerra Mundial, 2.500. Ahora somos 7.500 millones.[1] Otros 5.000 millones de personas y en menos de setenta años.

Hemos consumido en menos de doscientos años gran parte de la energía acumulada en un largo proceso geológico de 4.000 millones. El resultado ha sido el desarrollo capitalista con su *debe:* el retorno a la atmósfera de los gases procedentes de quemar energías fósiles —dióxido de carbono, óxidos de nitrógeno, metano—, causantes del efecto invernadero y de la contaminación que nos mata. Es fácil culpar a los gases de efecto invernadero (GEI) de todos los males y centrar la lucha contra el cambio climático en la reducción de las emisiones. Es





[1] Consulta de datos en tiempo real en: https://countrymeters.info/es/World.

un grave error. Los GEI no son entes autónomos autocreados, sino la transpiración del metabolismo capitalista, su consecuencia. La responsabilidad recae, pues, sobre el sistema económico que ha evolucionado de espaldas al planeta, a sus ecosistemas, a todas las especies. Que ha priorizado su perduración en detrimento de la sostenibilidad del hábitat que nos hace viables. Y que en nombre de la prosperidad ha envenenado al planeta. Todas, complacientes, hemos colaborado. De nuevo, el disfrute inmediato, la mirada corta, la felicidad inmediata.

Ahora la "civilización" del hidrocarburo choca con dos impedimentos, dos obstáculos más que probablemente insalvables: el aumento de la temperatura, que amenaza la supervivencia y obliga a renunciar especialmente al petróleo, y la escasez energética y en general de los recursos que, guste o no, se agotan y tocan a menos por persona.

## LOS DERECHOS

Los derechos son iguales para todas y todas tenemos los mismos derechos: los 7.500 millones de personas que habitan la Tierra. Del norte y del sur. Del este y del oeste. Sean del color que sean. Del género que sean. Y ahí está la contradicción sistémica. El capitalismo está basado en el crecimiento permanente y la multiplicación, hasta el infinito, de los beneficios. Una idea motor que se contradice con los límites físicos del planeta y los recursos. Si la población mundial crece y los recursos se reducen, ¿qué nos hace pensar que todas tendremos acceso a ellos? El capital ha resuelto la contradicción explotando primero a las personas y discriminándolas después. Decidiendo quiénes tienen la oportunidad de estar dentro del sistema y quiénes no. Y culpándolas. Cada crisis causa —intencionadamente— un aumento de las exclusiones. Primero fue en el sur. Desde 2007-2009, también en el norte. Un último informe del Banco de España nos dice que, de contabilizarse las horas no trabajadas por aquellas personas que quieren hacerlo a tiempo completo, el paro se situaría casi en el 30 %. La ecuación debería repetirse en países líderes de la austeridad como Alemania. La acumulación de dinero y capital en pocas manos es cada vez más insultante. El catalán más rico tiene la misma renta que 150.000 hogares. Tres personas tienen tanta riqueza en España como el 30 % más pobre. El 10 % de españoles más ricos tiene más de la mitad de la riqueza de todo el Estado. El 1 % de ciudadanos del planeta tiene tanta riqueza como el 99 % restante. Y esta brecha se va ensanchando año tras año.

La última discriminación está en marcha utilizando la competencia feroz por los puestos de trabajo —queridamente— escasos.

## DESCARBONIZAR LA ECONOMÍA, UNA REVOLUCIÓN

Los acuerdos de París recomiendan dejar dos terceras partes de las energías fósiles encontradas y viables bajo tierra. No explotarlas. ¿Renunciarán las multinacionales a un negocio en el que han invertido, y mucho, sin estar obligadas a hacerlo? ¿Dejarán voluntariamente los países productores de aprovecharse de los pozos y de beneficiarse de la "riqueza" que contienen? ¿Se puede compensar a países y empresas si abandonan la producción? De momento, Gran Bretaña y Francia han aplazado hasta 2040 la prohibición de coches de gasolina y diésel, lo que, aunque presentada como tal, no es una medida contundente porque aplaza más de veinte años la desaparición total de uno de los principales perturbadores: los coches. (Prohibición, por otra parte, que no lo es estrictamente hablando, porque los acuerdos adoptados en Londres y París consideran los coches híbridos que también usan gasolina.)

Combatir el cambio climático significa descarbonizar la economía. Abandonar las energías fósiles como motor central de desarrollo. Privar a la oligarquía de los vertiginosos beneficios que consigue. Basar el progreso en energías no contaminantes, renovables: eólica, solar, fotovoltaica, hidráulica, geotérmica, mareomotrices. Y renunciar a las nucleares, que no son renovables, contaminan y disponen de cada vez menos caudales —uranio muy difícil de asegurar/defender— para abastecerse.

## LA TRANSICIÓN ENERGÉTICA

La transición energética es irrenunciable si de verdad queremos combatir el cambio climático. Sin embargo, no es fácil de realizar. El primer problema aparece cuando comparamos las tasas de rendimiento energético —muy menores— de las renovables con las de las fósiles.

> ¿Qué cantidad de renovables se necesitarían para sustituir a los hidrocarburos y a las nucleares?

¿Qué cantidad de renovables se necesitarían para sustituir a los hidrocarburos y las nucleares? ¿Es posible? ¿Se dispone de materiales? La limitación planetaria y de las materias disponibles no invita al optimismo: probablemente no habrá materiales suficientes para conseguir la enorme cantidad de herramientas renovables que habría que fabricar. Todo indica, pues, que habría que decrecer. Sabemos que es posible vivir igual de bien pero con menos energía y, por tanto, con menos consumo. Pero hay que convencer a la ciudadanía y tener la firme voluntad de hacerlo aunque el precio sea caro electoralmente.

Tampoco invita al optimismo el precio de la transición energética, el segundo gran problema. Por ahora, el dinero del que se nutren los gobiernos para obtener liquidez y poder financiar los proyectos que ejecutan proviene de los impuestos y de la banca privada (créditos, deuda pública), propiedad de las élites que controlan el sistema. El dinero está privatizado. Más allá de los billetes fabricados por los bancos centrales, que no llegan al 10 % del total, la mayor parte del dinero es fabricado por los bancos privados cuando conceden un crédito. Dado que los bancos centrales prestan dinero a la banca privada y no a los gobiernos, resulta que las administraciones públicas están sometidas a la "voluntad/dictadura" de las entidades financieras que son las que deciden si financian y a qué precio. Y a interés compuesto, que multiplica exponencialmente la deuda resultante del crédito concedido y que hace inviables proyectos de altísima inversión porque, además de impagables, esclavizan al deudor a la voluntad del acreedor. Es decir, que los gobiernos quedan en manos de los prestamistas, de los bancos, de las élites (como ya ocurre y muy a menudo).

## LOS ESTADOS O LA CIUDADANÍA

Entonces, ¿cómo financiar la transición energética? Estamos hablando de un proyecto billonario. El único camino es recobrar la capacidad pública de fabricar dinero para financiar los proyectos públicos considerados imprescindibles, como la transición energética (y el desarrollo de la economía del cuidado, feminista, ecológica), y no depender ni de la arbitrariedad de la banca ni de su vocación usurera. Al fin y al cabo, ¿tiene alguna lógica que sean los bancos privados, la propiedad privada, y no los poderes públicos, los que fabriquen el dinero?

Por ahora, solo los estados podrían imponer decisiones tan drásticas. La pregunta es si están en disposición o tienen capacidad/voluntad de hacerlo. Los estados dependen de los partidos sistémicos que se alternan en la gobernanza y se financian a través de la misma banca que crea el dinero. Y a la que deben no se sabe cuánto ni qué. ¿Pueden estos partidos imponer condiciones a la banca?

Y todavía sería necesaria, como mínimo, una decisión más: cuestionar la deuda de los estados, auditarla y decidir qué proporción es legítima y cuál no (resultado de la especulación financiera).

Todo ello, además, está prohibido por Bruselas y por los organismos internacionales, no elegidos por nadie pero que marcan las pautas económicas. ¡Una revolución, por tanto!

Así las cosas: ¿se puede realizar la transición energética desde el capitalismo? Y una segunda cuestión: ¿es viable el capitalismo después de una transición energética que obligará a decrecer y, por tanto, se contradice con su necesidad básica: crecer indefinidamente?

Combatir efectivamente el cambio climático es realizar la revolución. Solo la ciudadanía puede conseguirlo. Los partidos obtienen el poder a través de los votos. Pongamos precio a los votos. No los regalemos.

## LOS SISTEMAS COGNITIVOS

El sistema económico y cultural dominante, conocido como capitalismo, fabrica y emite los códigos de interpretación que conviene a sus intereses: perpetuación del sistema y de las élites que lo controlan a través de la desposesión/acumulación de capital. Sin preocuparle las consecuencias nocivas que esta actuación causa en el hábitat donde nos desarrollamos, la biosfera. Su intención es individualizarnos, desconectarnos, desorganizarnos, convertirnos en animales en busca de la propia supervivencia a expensas de los demás seres humanos —también de nosotros mismos—, y no humanos. Y lo hace colonizando las mentes con ideas que se exhiben favorables individualmente y a corto plazo, pero que se vuelven funestas para el bien común con el paso del (poco) tiempo. Implementar en el cerebro de la gente la idea de que todos los políticos son iguales de corruptos es tanto como destruir la última línea de defensa de los humanos frente a la oligarquía: la Política. Que los políticos se hayan dejado corromper es una traición a la ciudadanía. Sin embargo, no hay corruptos sin corruptores. Y son los corruptores quienes controlan todas las claves económicas del poder. Con una idea básica: evitar que trabajemos los unos para los otros, impedir el bien común. Asegurar su beneficio por encima de todo y de todas. Recuperar la Política con mayúscula es una necesidad. Recobrar la dignidad política, una responsabilidad ineludible de todas.

> Solo nuestra convicción, compromiso y compasión harán suficiente presión para cambiar el panorama

El capitalismo ha impuesto su extremista sistema cognitivo. Sin embargo, la humanidad no ha perdido su capacidad de desprenderse de él y sustituirlo por uno de auténtico interés general. Para conseguirlo, es necesario eliminar la mordaza individualista y comprender que solo nos liberamos cuando el bien es común. Saber que, mientras haya discriminados, excluidos, marginados, no seremos libres porque la amenaza, el problema, la agresión, también está en contra nuestra. Convencernos de que solo nuestra convicción, responsabilidad, compromiso y compasión harán suficiente presión para cambiar el panorama. ¡Emanciparnos!

## LA POLÍTICA

El futuro nos ha descubierto el mundo/clima que nos espera para que pensemos, inventemos, creemos, una alternativa. Y no es solo una opción técnica la que se necesita: es una elección política; mejor dicho, Política. De nosotros depende saber alterar el futuro a través de la política. Y nosotros no somos los "políticos": somos la ciudadanía haciendo Política. Lo que vemos ahora no es una fatalidad insalvable. El futuro no está determinado a no ser que queramos que se cumpla la profecía. El porvenir está en nuestras manos y lo construimos cada día. Y se nos muestra invitándonos a cambiarlo. Es nuestra ineludible responsabilidad hacerlo.

# Emergencia climática: una guerra contra la vida

**Todas y todos tenemos conciencia, más o menos intensa, de que estamos en guerra en Ucrania, pero nos preguntamos, ¿la tenemos también que estamos en guerra con la naturaleza, con la biosfera, con la vida? Los próximos cuatro capítulos ofrecen una visión global de las amenazas climáticas y humanitarias, que están interconectadas.**

Guerra. Esta es la palabra omnipresente estos días en los medios. Se aplica al ominoso ataque de Rusia a Ucrania. Por el contrario, son incapaces de atribuir el vocablo al ataque constante y terminal de la humanidad contra la naturaleza, de nefastas consecuencias: calentamiento global, clima inestable, agotamiento de los recursos, desertificación, degradación de los suelos, pérdida de masa boscosa, disminución del agua disponible (descenso de las precipitaciones), degradación de los océanos, pérdida de pesquerías, de los ecosistemas, pérdida de biodiversidad, pandemias, pérdida de salud (también mental/ansiedad causada por el aumento de temperatura, el trauma por los fenómenos meteorológicos y climáticos extremos, y la pérdida de medios de subsistencia), de salud planetaria. En definitiva, crisis climática camino de ser irreversible.

Vemos imágenes del dramático éxodo de población ucraniana (los originarios del sur global, de Oriente Próximo y otros, no tienen el mismo trato) y nos escandalizamos con las víctimas de la guerra (en especial niñas y niños), satisfaciéndonos, a la vez, al comprobar que la solidaridad europea funciona. En cambio, quedamos indiferentes a la huida constante de personas del sur global que deben migrar porque las han desplazado a beneficio de multinacionales de la alimentación. O por culpa de guerras causadas por el extractivismo dedicado al expolio de la energía y materiales/minerales de las que el norte global carece. Colonialismo que favorece la existencia de grupos paramilitares y gobiernos corruptos dirigidos por élites que mandan en beneficio propio y de los países/poderes que los pagan, esparciendo el terror y dividiendo a los países, convirtiendo territorios en estados fallidos en guerra permanente (como en el Congo). O por el cambio climático, del que son poco o nada responsables, que ha convertido las tierras que conservaban y cultivaban en secarrales, o por inundaciones catastróficas que, como las sequías, cada año son más intensas y frecuentes.

Migrantes forzosos, que cuando deciden abandonar los campos de refugiados donde los han ubicado (¿campos de concentración?), y dejar atrás el país y el continente donde han nacido para no morirse de hambre, comprueban cómo el norte los rechaza, les niega el derecho a migrar que debería ser un derecho inalienable, y les deja morir en la arena del desierto o en las aguas del Mediterráneo. Solo en África Oriental, 28 millones de personas están en riesgo de pasar hambre. La región vive la peor sequía en cuarenta años. Trece millones de personas se han visto obligadas a abandonar sus hogares. Los asnos han muerto o están demasiado débiles para tirar de los carros. Los gobiernos africanos no pueden hacer frente a los precios tan altos de las materias primas. ¿Correrán los gobiernos europeos a socorrer a los africanos orientales? ¿O mirarán hacia otro lado? África, lo vemos todos los días con las políticas migratorias represivas, no es Ucrania.

La crisis y la guerra han multiplicado los efectos perversos de la agricultura industrial y de un sistema económico basado en la especulación y el beneficio. Y que se ceba especialmente en las mujeres. Según Naciones Unidas, la desigualdad de género y la exclusión social aumentan aún más los efectos negativos de una gestión medioambiental insostenible y especialmente destructiva para las mujeres y niñas. De hecho, el 80 % de los desplazados por desastres relacionados con el clima son ellas.

Y Europa no se escapa. Las mafias ya se han instalado en las corrientes migratorias ucranianas y ofrecen a mujeres, que desesperadas huyen de la guerra, futuros esperanzadores que esconden la prostitución. También ocurre con niñas y niños, a quienes las familias, abrumadas, suben a vehículos, conducidos por supuestas buenas personas, que en realidad son mafiosos, que los utilizarán como mercancía para venderlos al mejor postor (en el "mejor" de los casos, familias que puedan pagarlos, pero también los habrá que se destinen al tráfico de órganos o a la prostitución). También es una guerra, ¿o no?

> Las mafias ya se han instalado en las corrientes migratorias ucranianas

Y preocupados por la obtención de energía e indignados con la pérfida Rusia, proponemos liberarnos del yugo que supone conseguir la energía (gas, petróleo, diésel) procedente de ese país. Pero no nos preocupemos de dónde lo obtendremos, ni a quien perjudicaremos. El sentimiento colonial extractivista está arraigado en nuestra conciencia y no importa de dónde venga el gas o el petróleo, o el uranio (también el agua para fabricar hidrógeno) si así podemos mover el coche o calentar la casa. Agredir los intereses económicos y el derecho al desarrollo (supervivencia) a terceros, ¿no es también un acto de guerra?

¿Y se han preguntado de dónde vienen los materiales y minerales necesarios para construir los molinos y placas solares necesarios para desarrollar las energías renovables (Europa es en un 85 % deficitaria)? ¿O de dónde sacaremos el agua para producir hidrógeno?

¿Y los alimentos, de dónde vienen, de qué dictadura favorable a Occidente proceden, a qué grupos empresariales pertenecen? ¿Se ha expulsado a las personas originarias de sus tierras para implementar monocultivos? ¿Se las ha esclavizado desplazándolas o imponiéndoles precios de miseria, migración o muerte?¿A quién beneficia el comercio de alimentos imperante, que perjudica la salud planetaria al mover personas y mercancías arriba y abajo sin tener en cuenta los gases de efecto invernadero (GEI) producidos al quemar fósiles? ¿Por qué se ha impedido el desarrollo de la soberanía alimentaria tanto en el norte (el campesinado europeo también es víctima del cambio climático y la guerra) como en el sur global? ¿A beneficio de quién?

Se ha impedido el desarrollo de la soberanía alimentaria en el norte y en el sur

¿Y qué me dicen de la guerra de la desposesión por acumulación, acelerada por el cambio climático? Las guerras, la crisis económica, el cambio climático, la injusticia social, el colonialismo, la gobernanza, aumentan las desigualdades, la desposesión, la marginación... Una mayoría de personas, que crece día a día, son más pobres, y una minoría de ricos se hacen más ricos. En todas las guerras, en las convencionales, pero también en la guerra contra la naturaleza, o en la guerra por el control económico y el acaparamiento, los más pobres deben permanecer en sus pueblos y ciudades bajo la lluvia de bombas del enemigo, los estragos climáticos, o la *lluvia ácida* que supone la carencia de trabajo y de perspectivas de futuro.

Los no tan pobres cogen lo que pueden y migran quedándose sin nada o con poco, y si no mueren por el camino, se incorporan a la tropa de los desplazados y desposeídos (donde les esperan los marginados económicos del norte), permaneciendo dependientes de las ayudas de los países de acogida, si es que los acogen, y por cuánto tiempo. Y expuestos a la ira de los marginados y más pobres, que los ven como ladrones que les toman lo que entienden es suyo. Por el contrario, los desplazados más adinerados transfieren su dinero y pueden iniciar una nueva vida, trasladados pero ricos. Nadie les pone pegas con la cartera llena.

Análogamente, permanecemos asimismo indiferentes a otras guerras que consideremos lejanas. Por poner un ejemplo, según Naciones Unidas, en Yemen existe la crisis humanitaria más grave del mundo. La guerra fue desencadenada por Arabia Saudita (un aliado occidental regido por una dictadura, con la suerte de disponer de petróleo y tener bula) contra los chiís houthis, que están apoyados por Irán (un enemigo de Occidente). En Yemen, a finales de 2021 habían muerto 377.000 personas, el 60 % de las cuales, por causas indirectas, como la falta de agua, alimentos y las enfermedades. El otro 40 %, muertes provocadas por las balas y las bombas (algunas fabricadas en España). ¿Y los niños? Cada nueve minutos muere un menor de cinco años. Más de 10.000 niños muertos a finales de 2021. Y todo esto por no hablar de Palestina, Congo, o Birmania.

¿De qué guerras hablamos y de cuáles no? Guerra en Europa. ¿No es una guerra europea el ataque a la naturaleza? ¿No es una guerra la lucha contra la pandemia? Lo explicábamos en "Una sola crisis, la del capitalismo":[1] la explotación de más áreas naturales, las deforestaciones, y las infecciones víricas están relacionadas. El traspaso de nuevas fronteras y la colonización de territorios inhóspitos relacionan a humanos con animales con los que no había contacto. Ha sido el desarrollo de la industria agropecuaria el que ha causado las deforestaciones masivas, que los monocultivos se hayan esparcido, que se hayan destruido ecosistemas y reducido la biodiversidad. Ha sido la industria agropecuaria —las granjas de producción intensiva de ani-



[1] https://catalunyaplural.cat/es/una-sola-crisis-la-del-capitalismo-1/.

males— la que ha facilitado la propagación de los virus patógenos, de enfermedades víricas.

Explotación, colonialismo, extractivismo... ¿no son guerras europeas encaminadas a alcanzar los materiales, los minerales, la energía que la UE no tiene? ¿No será también, pues, una guerra? ¡Y no me digan que no origina muertes! Hay víctimas mortales, aunque no mueran por el efecto de las bombas y balas. Mueren por el hambre, la deshidratación, las enfermedades derivadas de la apropiación de tierras y recursos en territorios ignotos. Aumentar las tierras de cultivo, en especial en los países en vías de desarrollo, no solo pone en riesgo la biodiversidad, sino que incrementa la probabilidad de nuevas enfermedades, como la pandemia que todavía sufrimos, y agrava la acción del cambio climático provocado por la humanidad, muy especialmente por el norte global. No será convencional pero también es una guerra.

¿Y no es también una guerra especular con los suministros y servicios que atienden las necesidades básicas de las personas y que han sido privatizadas: aire, agua, alimentos, vivienda, salud/sanidad, energía, medio ambiente, trabajo? ¿No es una guerra bajar salarios y robar a las personas el futuro explotándolos hasta no tener tiempo para descansar? ¿O dejarlos sin tiempo para el ocio y la cultura, o privándoles de acceso a la participación política convertida en un lugar exclusivo de las élites?

Una guerra cotidiana contra la naturaleza y la vida, para mantener en funcionamiento un sistema económico, social y cultural como es el capitalismo, aunque se le adjetive de verde. No nos matan con balas de fuego ni con bombas, sino que se violentan los ecosistemas y las personas que habitamos la biosfera. Nos matan al contaminar la atmósfera con todo tipo de gases, de residuos, en beneficio de grandes corporaciones económicas e industriales que tienen cautivos a políticos y gobiernos al controlar el dinero que fabrican los bancos. Dinero que también se ha privatizado. Guerra por otras vías, guerras que agotan la biosfera. Sumadas, nos dan una única guerra, dirigida contra la vida.

# La naturaleza es nuestra salvación, pero solo si la preservamos

**Mantener la salud del planeta es esencial para la salud humana. Pero estamos a un mínimo de diez años y a un máximo de veinticinco, de un punto de no retorno global irreversible. En este capítulo explicamos por qué inestabilizar el clima, destruir los ecosistemas, significa que la biosfera puede llegar a ser letal para la mayoría de especies que lo habitamos.**

El 28 de febrero de 2022 se presentó el segundo informe parcial del sexto informe de evaluación del IPCC, el del Grupo II, titulado "Impactos, adaptación y vulnerabilidad". La primera evidencia es que, tal y como pronostica desde hace tiempo Ferran Puig Vilar, todo es peor de lo que se esperaba. Los efectos del cambio climático se producen antes y son más pronunciados de lo que se había pronosticado desde el principio. Todos los desastres que debían producirse cuando la temperatura fuera 4 °C más alta que en la época preindustrial, ahora sucederán cuando superemos los 2 °C.

La temperatura, según el IPCC, ha aumentado en el período 2011-2020 entre 0,95 y 1,20 °C desde 1850-1900. Lo que nos lleva a pensar que ya hemos llegado al aumento de 1,2 °C. O se actúa ahora o estos efectos serán muy evidentes (y fatales) a lo largo de las dos próximas décadas.

Estamos a diez años de que se inicie un desastre climático calamitoso. Con el ritmo actual de emisiones, falta poco para alcanzar el incremento de un grado y medio. Los +1,5 °C se sobrepasarán hacia 2030 (si no antes), y si permanece (y todo hace suponer que así será), generará múltiples eventos (de hecho ya han comenzado), que afectarán a los ecosistemas y a la humanidad. La intensidad en cada lugar dependerá de la vulnerabilidad, la exposición, el nivel de desarrollo socioeconómico, y de las políticas de adaptación.

Hay identificados 127 riesgos que provocarán múltiples amenazas climáticas simultáneamente, que además interactuarán con otros riesgos no climáticos y, en consecuencia, incrementarán el peligro de eventos en cascada, el trance de peligro global. De hecho, corremos el riesgo de que genere impactos irreversibles en determinados ecosistemas con poca resiliencia (muy probablemente algunos están ya sucediendo), como los ecosistemas polares, de montaña y costeros, afectados por la fusión de la capa de hielo, la de los glaciares, o por la aceleración del aumento del nivel del mar (más allá de lo previsto). Muchos de estos eventos liberarán gases de efecto invernadero (GEI) y algunos serán irreversibles aunque posteriormente se redujera el calentamiento global.

Y si para que todas estas advertencias y realidades se consumen deben superarse los +2 °C, tampoco tendremos que "esperar" mucho. Devendrá, si siguen aumentando las emisiones de $CO_2$, bastante antes de mediados del siglo. Estamos, pues, entre diez y veinticnco años (según el optimismo) del *tipping point* global. A diez años de que se inicie un desastre irremediable si no actuamos ahora mismo, de forma drástica, y anteponiendo los intereses de la humanidad a los intereses económicos del capital.

En Cataluña, la temperatura ya es 1,8 °C más alta que antes del período preindustrial, incrementa cada decenio en 0,7 décimas de grado, y está a punto de superar (si no lo ha hecho ya) los dos grados de aumento. La previsión apunta a un aumento de 3 °C en menos de veinte años. La proyección de este dato supone temperaturas de 50 °C en las comarcas de la Catalunya Central y en la Plana de Lleida. Esto, dice Francisco Doblas, investigador del ICREA, director del Centro de la Tierra del Barcelona Supercomputing Center y autor del IPCC, afectaría a la humedad que conservan los suelos, es decir, la humedad que permite a las plantas crecer. Cuando aumenten las temperaturas, afirma Doblas en el documental *50 grados,*[1] aunque no varíen las precipitaciones, supondrá que habrá menos agua disponible porque incrementará también la evaporación. Esto impediría a las plantas crecer. Si ocurre en primavera, el impacto sobre la agricultura y los ecosistemas sería terrible. Doblas, sin embargo, no cree que esto tenga que ocurrir antes de mediados de siglo.

En Cataluña, la temperatura ya es 1,8 °C más alta que antes del período preindustrial

En cualquier caso, habría que decidir qué plantamos y dónde, prever cómo evolucionarían los ecosistemas que deberían ir adaptándose al nuevo régimen de temperaturas y de disponibilidad de agua, investigar de cuánta agua se dispondría para uso agrario, de boca, doméstico, industrial, y a través de qué baremo de prioridad se reparte. Todo ello, teniendo en cuenta que si seguimos desperdiciando agua como hasta ahora, pronto llegaremos a un nivel insostenible.

En el conjunto del Mediterráneo, la temperatura ha subido 1,5 °C de promedio por encima del período 1850-1900. Más en la orilla sur que en el norte, lo que conlleva un aumento de las migraciones. Y por supuesto que el agua mengüe a marchas forzadas y que el futuro de la agricultura peligre. Este efecto se multiplica conforme nos trasladamos hacia el sur.

[1] Disponible en: https://youtu.be/Q1c-apSPaZs.

> En el conjunto del Mediterráneo, el aumento de la temperatura conlleva más migraciones

Según el IPCC, el aumento del nivel de los océanos/mares significa un grave desafío, puesto que supone hacer frente al incremento, en frecuencia y magnitud, de eventos extremos provocados por el colapso del hielo, tanto marino como continental, causado por el calentamiento de las aguas. Esto implica tener en cuenta la elevación continua del nivel del mar, y concluir que deben buscarse soluciones para los habitantes de las poblaciones costeras ubicadas en cotas bajas de todo el mundo, o en las pequeñas islas, que tendrán que migrar, porque sus asentamientos serán tragados por las aguas.

Y hay que añadir los efectos de las tormentas, cada vez más imprevisibles y radicales: las olas serán más altas y aumentarán el nivel de las aguas, algo que también sucede si la presión atmosférica es baja o, sobre todo, muy baja. Y si dos y más frentes de tormenta coinciden en un punto de la costa, como fue el caso del Gloria, entonces los efectos pueden ser terribles (durante el Gloria el nivel de las aguas frente al litoral del delta del Llobregat, fue de tres metros por encima de lo habitual).

## CALOR ACUMULADO EN LOS OCÉANOS

Las temperaturas oceánicas más altas de la historia se registraron en 2021 en los primeros dos mil metros de profundidad. Por sexto año, consecutivo, se ha batido el récord. El agua, cada vez más caliente, aumenta de volumen y ocupa más espacio, subiendo el nivel de las aguas y comiéndose capas de hielo de la Antártida y Groenlandia, territorios que conjuntamente pierden un billón de toneladas de hielo al año. Actualmente, más del 90 % del calor generado por la quema de combustibles fósiles ha sido absorbido por los océanos, que, mientras se sigan quemando, continuarán acumulando calor. El resultado es la salinización y acidificación de las aguas, que degradan, por ejemplo, los arrecifes de coral y otros ecosistemas, con consecuencias funestas para la fauna y la flora marina. Antonio Turiel, investigador del CSIC en el Instituto de Ciencias del Mar, decía en una entrevista en *Sobrevivir al Descalabro*:[2] "Trabajo en el Departamento de Oceanografía Física y Tecnológica del Instituto de Ciencias del Mar. Mi especialidad es la oceanografía por satélite. Los océanos son el gran reservorio de calor, el gran reservorio del sistema termodinámico del planeta Tierra. Esto hizo que la temperatura de la atmósfera no aumentara tanto como los modelos preveían a primeros de siglo, porque los océanos retenían gran parte de ese calor. Con la observación satelital podemos contemplar en pocos días el conjunto de los océanos y saber cómo se comporta la parte superficial, que es la que más interactúa con la atmósfera. Y nos está dando señales de que se están produciendo cambios muy importantes. Desde 2016 se ha desatado un fenómeno de aceleración: la temperatura está empezando a subir más rápidamente. Es un cambio muy brusco que dura más de cinco años y se manifiesta en todas sus variables: salinidad, elevación del nivel del mar, probablemente en la producción primaria de los océanos, la clorofila (cuántas algas hay), y por supuesto, en el incremento de la temperatura".

Cuando ves cambios rápidos en los océanos, que son muy lentos al reaccionar, debes pensar que la atmósfera experimentará cambios mucho más veloces. Si estos cambios que estamos observando se mantienen, y hasta ahora así parece ser, se anticipan cambios drásticos en cuanto al clima del planeta, e incluso, del tiempo meteorológico. Ahora mismo estamos viendo pequeñas manifestaciones parciales, como en la



[2] https://sobreviviraldescalabro.org/antonio-turiel/ (entrevista realizada el 3 de abril de 2021).

corriente termohalina, que es el gran redistribuidor de calor y humedad hacia Europa, que se está frenando: si se detuviera, Europa central se enfriaría y el tiempo sería más seco, lo que afectaría y mucho a las cosechas.

En general, el hecho de que los océanos se estén sobrecalentando y se esté incrementando la cantidad de energía que están absorbiendo, puede indicarnos que los patrones de circulación de la atmósfera se trastornarán. En otras palabras, que se habrían terminado las estaciones meteorológicas. Un ejemplo lo tenemos en la caída del vórtice polar sobre Texas, en el que hacía más frío que en Alaska. El peligro es que extremos, como el de Texas, sucedan con frecuencia y que, en contrapartida, masas de aire caliente se trasladen hacia los polos y acaben por deshacer el hielo. Si no existe un cambio de tendencia en pocos años, podría tener lugar una desestabilización climática irreversible de todo el planeta.

## DESARROLLO INSOSTENIBLE

La naturaleza puede ser nuestra salvación, pero solamente si la preservamos, dice Inger Andersen, directora del Programa de la ONU para el Medio Ambiente (PNUMA). En este sentido, el IPCC pide que entre el 30 y el 50 % de la superficie de la Tierra, ya sea terrestre, oceánica, o de agua dulce, debe estar protegida y libre de nuevas explotaciones, si de verdad queremos proteger la biodiversidad, y asegurar los servicios esenciales que nos ofrecen los ecosistemas. (Son servicios ecosistémicos los beneficios que un ecosistema aporta a la sociedad y que mejoran la salud, la economía y la calidad de vida de las personas; por ejemplo la provisión: madera, setas...; la regulación: cuánto carbono orgánico hay en el suelo, cuánto ha absorbido y almacenado...; la biodiversidad: cuántas especies viven en un ecosistema...; culturales:

beneficios que la sociedad obtiene...) Y lo pide porque ahora mismo se está haciendo todo lo contrario. Los patrones de desarrollo insostenible actuales, dice el IPCC, están aumentando la exposición de los ecosistemas y de las personas a los peligros climáticos.

Naturaleza, seres humanos, infraestructuras, nada escapa a la acción destructiva del cambio climático causado por el hombre. La deforestación tiene impactos devastadores en la biodiversidad, la seguridad alimentaria y el calentamiento global. Se han perdido 420 millones de hectáreas de bosques desde el año 1990 (bosques que no solo almacenan carbono sino que enfrían hasta medio grado la temperatura de la biosfera), amenazados, como la biodiversidad, por los incendios forestales que habrán aumentado un 30 % a mediados del siglo; tan solo un 15 % del suelo tiene algún tipo de protección contra el desarrollo o la explotación, mientras que solo está protegida un 21 % del agua dulce y un 8 % de los océanos. Desde 1970 las poblaciones de mamíferos, aves, peces, anfibios y reptiles, han disminuido en todo el mundo, en un 68 %, y un 44 % de especies están amenazadas de extinción en los puntos más críticos *(hotspot).*

En Cataluña, se han perdido una cuarta parte de las especies en los últimos veinte años, según el informe "Estado de la Naturaleza".

El cambio climático también ha aumentado el número de muertes al incrementar las enfermedades transmitidas por el agua y los alimentos: enfermedades diarreicas, entre ellas el cólera y otras afecciones gastrointestinales. Enfermedades derivadas del incremento de la temperatura y la contaminación, especialmente cardiorrespiratorias. También tropicales, como el dengue que se extiende (ya se han detectado casos de dengue autóctono en España) o el chikungunya. Y otras enfermedades víricas, como el SARS-CoV2. Dice Mónica Vargas, investigadora en el Transnational Institute, en el documental *50 grados:* "Si algo han dejado claro los cambios en los usos del suelo en todo el planeta es la interconexión entre la salud humana y los derechos humanos, con la salud del medio ambiente. Ahora lo hemos visto con la pandemia de la covid-19, antes con la de la gripe porcina o la aviar". Y añade, "el conjunto de devastaciones planetarias causadas por el sistema económico dominante ha supuesto la generación del cambio climático, ocasionando una profunda injusticia para los seres humanos. Así pues, cuando hablamos de deforestación, de cambios de usos del suelo, o de GEI..., estamos hablando de una profunda devastación, también de los cuerpos. Una devastación de los territorios, de la biosfera, de los cuerpos, que siguen una misma lógica de explotación y expolio, características del capitalismo".

## MALA SALUD PLANETARIA

La sociedad, los poderes económicos, políticos desconocen, o no quieren saber, que el clima, la biodiversidad y las personas son interdependientes. Que los humanos son ecodependientes, dependiendo de la biosfera. El cambio climático interacciona con tendencias globales como el uso insostenible de los recursos naturales, la creciente urbanización, las perturbaciones económicas y sociales, las pérdidas y los daños por eventos extremos y una pandemia, poniendo en peligro el desarrollo futuro.

Durante decenios, el calentamiento global antropogénico ha perjudicado la salud de las personas y de las sociedades. Continuar por este camino, inestabilizar el clima, destruir los ecosistemas, significa que la biosfera puede llegar a ser letal para la mayoría de especies que lo habitamos.

El cambio climático, dice el IPCC, ha afectado a la salud física y mental de las personas en todo el mundo y ha incrementado tanto la mortalidad como la morbilidad, y sentencia: mantener la salud del planeta es esencial para la salud humana.

La salud y la civilización humanas dependen de la salud de los ecosistemas (riqueza y abundancia de especies...) y de su sabia gestión.

La degradación del planeta, su calentamiento originado por el uso masivo de combustibles fósiles, por la extracción desaforada de sus recursos, por la loca explotación del suelo, por la desmedida agricultura y ganadería industrial, por considerar que la naturaleza está al servicio del hombre y no entender que la humanidad forma parte de la naturaleza y depende de ella, aunque aparentemente nos da riqueza, nos hace más pobres como especie y nos roba la salud. En definitiva, que la salud humana únicamente es salud en serio si es planetaria y beneficia a todos los seres vivos que habitamos la biosfera.

> Los poderes económicos y políticos no quieren saber que los humanos son ecodependientes

Vivimos una destrucción de la naturaleza acelerada, muy peligrosa y de gran alcance, que afecta a los entornos de vida de miles de millones de personas: entre 3.300 y 3.600 millones que viven en regiones gravemente afectadas. Y otra cuarta parte debe tener en cuenta, desde ya, los cambios drásticos que causa el calentamiento global.

Hay que deducir, pues, que algunos de estos impactos sobre las poblaciones y los ecosistemas son ya irreversibles por el aumento del nivel de mar. Hay zonas sumergidas, deltas —Nilo, Ebro— que están perdiendo tierras productivas y están amenazados con desaparecer desplazando a las personas y destruyendo su forma de vivir. En Cataluña también podemos observar este aumento del nivel de las aguas en la costa del Maresme donde playas, línea férrea y paseos acabarán siendo engullidos por el mar. Los glaciares, que contienen el 70 % del agua dulce de que dispone el planeta, se funden por doquier (en el Pirineo catalán no quedan). Y sin que haya unanimidad, también con mucha probabilidad, habrían superado el punto de no retorno en Groenlandia.

En el Ártico, en marzo de 2022 están 30 °C por encima de la temperatura habitual (en estas latitudes, la temperatura ha aumentado de promedio en 4 °C desde la era preindustrial). Que haya menos banquisa (hielo marino flotante) en el Ártico, genera más olas, que contribuyen a erosionar la costa, que en determinadas zonas está perdiendo entre cuatro y cinco metros al año, y todo ello hace que el permafrost se deshiele más rápido (como ya ocurre con el de Siberia y territorios sólidos del Círculo Ártico —se prevé que en 2040 ya no quedará tierra congelada en la península escandinava—). En la Antártida Occidental, a finales de marzo de 2022 se están batiendo récords de temperatura (Vostok, con una temperatura de −12,2 °C, 40 °C por encima de la media, Cúpula CII, D47, y Terra Nova Base, donde la temperatura ha sido más de 7 °C por encima de lo habitual).

Apostilla Olga Margalef, geógrafa, profesora en la Universidad de Barcelona, investigadora del CREAF: "Estos suelos congelados durante miles de años, permafrost, son un gran reservorio de carbono. Contienen más carbono que todos los bosques del planeta y el doble de carbono que existe hoy en día en la atmósfera. Si se deshiela, parte de esta materia orgánica se degrada y se produce dióxido de carbono y metano que pasan de los suelos congelados a la atmósfera. Esto ya está ocurriendo y la magnitud del vertido dependerá del aumento de la temperatura y el deshielo. El cambio climático nos demuestra que todo está relacionado porque la atmósfera es común a todos los seres humanos".

## ESCASEZ DE AGUA DULCE

La disponibilidad de agua dulce será inferior a la demanda hacia 2040. Antes, hacia 2030, un tercio de la población mundial vivirá en zonas afectadas por la carencia de agua: norte y sur de África, Oriente Próximo, China y Estados Unidos. En estos momentos, el 12 % de la población no bebe agua potable. La falta de agua se notará sobremanera en el Mediterráneo, más intensamente en la orilla sur, pero también en la norte. La lucha por conseguir agua aumentará los conflictos/guerras y multiplicará el neocolonialismo. Por poner unos ejemplos: los alemanes quieren construir un embalse en el río Congo (Inga 3) dedicado a fabricar hidrógeno, expoliando a los congoleños. ¿O qué pasará con el embalse Renacimiento, ya inaugurado y camino de llenarse, construido por Etiopía y que retiene agua del Nilo Azul, que antes compartía con Sudán y Egipto? ¿Y qué ocurrirá con los territorios colonizados por China, Emiratos Árabes, Arabia Saudita, para la fabricación de alimentos que se llevan hacia sus países (una forma indirecta de llevarse el agua)?

> Hacia 2030, un tercio de la población mundial vivirá en zonas afectadas por la falta de agua

En el sur de Europa, siete millones de personas pueden pasar sed. Los acuíferos están en peligro. Y las sequías serán cada vez más frecuentes, largas y duras.

España ha perdido más de un 20 % del agua que tenía hace treinta años. Y se prevé otra pérdida del 25 % en los próximos años que el MITECO, el Ministerio de Transición Ecológica, no concreta cuántos serán. Contrariamente, el regadío está aumentando y consume el 85 % del agua disponible (el consumo del ciclo urbano es del 15,5 %). A su vez, los pozos que agotan las capas freáticas se reproducen sin control en todo el territorio. Y para aumentar la productividad se están regando cultivos de secano (también en Cataluña, donde se riegan almendros que se beben 12.000 metros cúbicos de agua por hectárea/año; cultivos, propiedad de multinacionales, que se dedican a la exportación).

Además las pérdidas en la red de agua potable ya tratada se sitúan en un 23 %. Todo, un disparate.

En Cataluña, somos víctimas de una sequía que, según informa el Servicio Meteorológico, comenzó en las comarcas litorales y prelitorales en la primavera de 2021, que se ha extendido con rapidez por el noreste, Plana de Lleida y Catalunya Central y que se ha intensificado excepcionalmente en comarcas como el Vallès Oriental, Vallès Occidental, Barcelonès, Baix Llobregat y Alt Empordà. Las lluvias de estos días [primavera de 2022], dice Marc Prohom, jefe del Área de Climatología del Servicio Meteorológico de Cataluña, seguramente detendrán la sequía en el Alt Empordà y en el extremo sur de Cataluña. En el litoral central, en el prelitoral, y en la Cataluña interior, hace falta mucha más agua para acabar con la sequía.

Estamos ante un cambio climático radical, dice Robert Savé, emérito del IRTA, el Instituto de Investigación y Tecnología Agroalimentarias. El aumento de la temperatura provoca cambios en el comportamiento de las plantas. El peligro radica en que la lluvia caída haga brotar las plantas y que después no puedan desarrollarse por la falta de agua al permanecer los efectos de la sequía. Hay dos soluciones: o se deja que la naturaleza haga su trabajo con el riesgo de obtener frutos pequeños y no aceptados por los mercados, o se podan las plantas para que sean más pequeñas y broten menos frutos, pero de la calidad y calibre habituales. En cualquier caso, siempre habría pérdidas. Pero el tiempo meteorológico es ahora mismo imprevisible y la gran amenaza que se cierne sobre los cultivos es una ola de frío que helará la Europa del sur, Cataluña incluida, a primeros de abril.

Europa debe hacer frente a estos efectos del cambio climático: oleadas de calor y sequías (en especial en el sur); alteraciones de los ecosistemas marinos y terrestres, escasez de agua en múltiples sectores interconectados; riesgo para las personas, las economías y las infraestructuras a causa de las inundaciones costeras e interiores (las inundaciones causaron quince veces más muertes en los países costeros pobres que en los ricos); aumento de las temperaturas que por el estrés de calor irán causando más víctimas mortales, cultivos alimentarios estresados por el calor (en uno de los escenarios el informe concluye que 183 millones de personas adicionales podrían sufrir desnutrición a mediados del siglo) que provocarán la pérdida de cultivos a causa de la sequía y el clima extremo (los incendios forestales serán más intensos y aumentarán en más de un tercio en este comienzo de siglo).

Según el IPCC, los puntos calientes con alta vulnerabilidad están situados en África del Oeste, África Central y del Este. Igualmente en Asia del sur y Centroamérica y América del Sur. Y también en el Ártico (la temperatura ha aumentado más de 4 °C desde 1850-1900) y en los pequeños estados insulares. Por supuesto, la vulnerabilidad es mayor cuanto más intensa es la pobreza, cuando no se puede acceder a los servicios básicos, a los recursos, cuando hay conflictos violentos, falta de gobernabilidad. También donde los medios de vida son más sensibles al clima: pequeños agricultores, pastores, comunidades de pesca... Hay que tener en cuenta que en esta misma década, la mortalidad por inundaciones, tormentas y sequías será quince veces mayor en las regiones más vulnerables que en las de baja vulnerabilidad. La vulnerabilidad se multiplica con la inequidad, la discriminación de género, la procedencia étnica y los bajos ingresos.

## CRISIS HUMANITARIA

El cambio climático está contribuyendo así a crisis humanitarias en las que los peligros climáticos interactúan. La inseguridad alimentaria aguda está aumentando en África, Centroamérica y Sudamérica. Y si bien es cierto que los factores no climáticos son los impulsores dominantes de los violentos conflictos entre estados y dentro de los propios estados, en algunas regiones evaluadas, los fenómenos meteorológicos y climáticos extremos han tenido un impacto adverso en cuanto a duración, dureza, y frecuencia. En cualquier caso, los fenómenos meteorológicos extremos están impulsando cada vez más el desplazamiento de personas. En especial, las comunidades locales, colectivos de personas básicamente del sur, pero también del norte (el proceso migratorio por el cambio climático también es una realidad de Centroamérica hacia Estados Unidos, y del sur de los propios Estados Unidos hacia su norte), que no se podrán adaptar y tendrán que migrar. Y otros que no dispondrán de capacidad económica ni para adaptarse ni para huir (un 32 % de personas adicionales caerán en la pobreza extrema en el 2030, si se sigue como ahora). Y las comunidades indígenas, más de 400 millones de personas, están siendo muy perjudicadas (suponen el 6 % de la población mundial y son el 15 % más pobre; ocupan la cuarta parte de las superficies de la Tierra y cuidan el 80 % de la biodiversidad, sin embargo, solo son los propietarios del 11 % de estas tierras).

Los datos explicitan la aceleración y magnitud de los cambios que se avecinan. Las desigualdades aumentarán y los ricos serán más ricos, multiplicando sus opciones y oportunidades, y los pobres serán más pobres y quedarán extremadamente sometidos a las amenazas inmediatas, que ya están aquí. Todo ello es aprovechado por las grandes corporaciones para agrandar su patrimonio, acumulando bienes y capital procedente de las clases trabajadoras y las antiguas clases medias. Nada ocurre por casualidad. Ni la inacción para combatir el cambio climático, ni la desposesión programada de los más empobrecidos. El capitalismo necesita los recursos para crecer y considera a las personas una mercancía prescindible.

# La energía, clave para mitigar o acelerar la crisis climática

**Es necesario profundizar en el papel decisivo de la energía. Todas las fuentes de energía y las de minerales están alcanzando sus límites y las alternativas no son suficientes. Solo existe un camino, el cambio de cosmovisión. Mirarnos el bienestar y la vida de una manera diferente. Aceptar un decrecimiento pactado y ordenado.**

Las diferentes crisis —energética, de materiales y minerales (recursos), pandémica, alimentaria, económica, social y climática— están relacionadas, son interdependientes y se retroalimentan. Como ya debéis saber, lo primero que debería haberse hecho para hacer frente a la emergencia climática, y desde hace muchos años, es dejar de quemar combustibles fósiles (carbón, petróleo/diésel, gas natural) y, en consecuencia, dejar de verter gases de efecto invernadero (GEI) en la atmósfera: $CO_2$ (resultado de la actividad industrial, energía, transporte, ganadería industrial, deforestación, cambios en los usos del suelo), metano (deshielo del permafrost, actividad agrícola y ganadera, industrial, pérdidas en las instalaciones y conducciones de energía fósiles), óxido nitroso (actividad industrial y agraria), ozono (contaminantes precursores que provienen de la industria y el transporte), y halocarbonos.

Una atmósfera que hemos convertido en un vertedero. Entre 2010 y 2019, las emisiones siguieron aumentando, de 53.000 a 66.000 millones de toneladas equivalentes de dióxido de carbono, un máximo histórico de GEI en la atmósfera. En 2021, las emisiones aumentaron en un 6 % (2000 mil millones de toneladas, récord de siempre en términos absolutos). El uso del carbón, que se tenía que abandonar, supuso el 40 % del incremento de las emisiones mundiales.

Tan alta cantidad de GEI en la atmósfera impide mantener una temperatura media del aire superficial del planeta apta para la vida, que se sitúa en torno a 15 °C. Hemos perdido el clima estable del que han disfrutado las civilizaciones en los últimos 10.000 años y que les permitió desarrollarse. Si continuamos por este camino, la vida humana y de la mayoría de los seres vivos que habitamos la biosfera estará en peligro porque la Tierra y los océanos serán improductivos y la atmósfera les resultará letal. Y a los GEI le deberíamos añadir la contaminación que no altera el clima, pero causa una gran cantidad de muertes: según la Organización Mundial de la Salud, ocho millones de personas mueren cada año prematuramente por enfermedades no transmisibles que se pueden atribuir a la contaminación del aire: cerebrovasculares, cánceres, neumopatías. Siete de los ocho millones mueren a causa de las partículas finas PM-2,5 que traspasan los pulmones y entran en la sangre. Provienen de quemar combustibles fósiles, en especial de los motores de los coches y, más en concreto, de los vehículos diésel. Y hay que añadir los millones de personas que no mueren, pero pierden salud/calidad/esperanza de vida.

Si continuamos así, la Tierra y los océanos serán improductivos

A la actual civilización le es muy difícil prever lo que no ve o palpa. Le resulta complicado adaptarse a esta inestabilidad sobrevenida que impide saber qué va a pasar mañana (alteración de los ciclos de las estaciones meteorológicas, calentamiento, radicalización de los eventos climáticos...) y prefiere negar los hechos o creer que la tecnología lo arreglará.

Todo lo que haga falta para no tener que cambiar un sistema de creencias (crecimiento, abundancia, riqueza, propiedad, consumo) sobre el que se ha construido la vida.

## IPCC: MITIGACIÓN DEL CAMBIO CLIMÁTICO

El 4 de abril de 2022, después de negociaciones políticas mucho más largas de lo que ya es habitual, se presentó el informe IPCC sobre la mitigación del cambio climático, en otras palabras, qué hacer. Y recomienda una transición "importante" en el sector energético, reducción sustancial de los combustibles fósiles, electrificación generalizada, el uso de combustibles tales como el hidrógeno, mucha más eficiencia energética y, en algunas regiones, la reducción de la deforestación (de hecho, no debería deforestarse más en ningún lugar).

El informe reconoce que, si continúa el ritmo de emisiones como hasta ahora, el mundo se encamina a un aumento de la temperatura de 3,2 °C a final de siglo (una proyección conservadora a nuestro entender). Y recalca que, para evitar el aumento de 1,5 °C, las emisiones de gases de efecto invernadero deberían reducirse casi a la mitad en todos los sectores (desde el transporte hasta la industria, la generación de calor y electricidad, hasta la agricultura y la silvicultura y otros usos del suelo, las ciudades y las áreas urbanas). El objetivo es que las emisiones alcancen su máximo antes del 2025 y bajen rápidamente después. El 43 % es el objetivo para el año 2030. Y la neutralidad climática en 2050. En el informe del PNUMA de mayo de 2021 se afirma que en el próximo decenio podrían reducirse las emisiones de metano (la quinta parte de las emisiones de GEI) en un 45 %. Sería la forma más eficaz de frenar el cambio climático en los próximos 25 años. Sin embargo, habría que actuar en tres sectores: combustibles fósiles, residuos y agricultura.

En ningún momento se destaca en el informe (o no lo hemos sabido ver) que abandonar el crecimiento sea un objetivo, menospreciando el hecho de que no hay ninguna energía alternativa a las fósiles que lo permita (a menos que no sea un derecho universal y se excluya a personas y poblaciones de su 'beneficio').

Sí se afirma que, si se aplican las medidas propuestas para evitar un calentamiento de 2 °C, el PIB disminuiría varios puntos porcentuales en 2050 (¿decrecimiento sin nombrarlo?). En todo caso, lo que se desprende de la lectura de las proposiciones es que el crecimiento es el objetivo principal y que las propuestas no son otra cosa que un intento más de mantener, caiga quien caiga, el sistema económico y cultural capitalista basado en el consumo y crecimiento infinitos en un planeta finito.

El informe IPCC habla de soluciones quiméricas y hace recomendaciones que no se ajustan a la realidad que está por venir. Por ejemplo, dice que muchas tecnologías bajas en carbono han visto caer su coste entre 2010 y 2019: Un 85 % la energía solar; cuyo despliegue se ha multiplicado por más de 10; un 55 %, la eólica; y un 85 % las baterías de iones de litio, que han permitido multiplicar por más de un centenar los vehículos eléctricos en el mundo.

Y esto se afirma en un momento en que se manifiesta la falta de minerales (de los cuales se debería aumentar la producción hasta cantidades inalcanzables para abordar las transiciones necesarias) y de energía (que, salvo el gas, ha sobrepasado su pico de producción y decae) que por las leyes del mercado están multiplicando su precio. Escasez que, por cierto, no es coyuntural sino sistémica.

El informe también habla de las tecnologías de captura de carbono que para que funcionaran deberían absorber el 90 % de las emisiones de plantas térmicas y entre el 50 y el 80 % de las fugas de metano. Por ahora ni funcionan, ni se vislumbra que vayan a hacerlo.

Una vez más, entendemos que el informe está políticamente maquillado para reducir la emergencia climática y resulta decepcionante.

En su presentación, el presidente del IPCC, Hoesung Lee, afirma: "Hay políticas, regulaciones e instrumentos de mercado que están demostrando ser efectivos". Y nos preguntamos: ¿cuáles son, dónde se pueden ver y con qué resultados?

En este capítulo nos proponemos poner en evidencia que las propuestas en las que se basa la mitigación no son suficientes ni para evitar el aumento de 2 °C. Y que sin renunciar al crecimiento es imposible alcanzar ninguna de las metas.

## CONSIDERACIONES

En el manifiesto de los científicos *La ciencia se rebela, solo nos queda actuar* se afirma que "los objetivos actuales de crecimiento defendidos por los poderes económicos están en contradicción directa con la reducción de los impactos ambientales por debajo de los umbrales de los límites planetarios. De este modo, se paraliza el cambio radical de modelo productivo que es imprescindible emprender sin demora y así limitar el aumento de temperatura entre 1,5 y 2 °C". En otras palabras, que mientras haya crecimiento no se podrá limitar la temperatura a un mínimo de 1,5 y un máximo de 2 °C.

El aumento de 1,5 °C es un objetivo imposible de alcanzar porque el incremento de la temperatura ya es de +1,2 °C desde 1850-1900, y porque la inercia climática hace que, aunque se redujeran las emisiones, durante un mínimo de 20 años la temperatura seguiría subiendo cualesquiera que fueran las emisiones. El peligro radica en los eventos que un aumento de 1,5 °C puedan causar, incidentes que se retroalimentan unos a otros, provocando un efecto en cascada que nos conduciría a un estadio climático menos favorable.

¿En qué nivel de temperatura se sitúan estos eventos? Es difícil de decir, porque con un aumento de 1,2 °C, y como decíamos en el capítulo anterior, ya se ha desbocado el deshielo del Ártico, Groenlandia, Antártica Occidental, el aumento del nivel del mar, el deshielo del permafrost.

En este sentido, se sabe que la pérdida de hielo marino en el Ártico está amplificando el calentamiento. Y que el deshielo de Groenlandia está suministrando agua dulce en el Atlántico Norte. Ambos acontecimientos pueden haber contribuido, desde mediados del siglo xx, a una disminución del 15 % del sistema AMOC, que es un elemento clave en el transporte global de calor y sal en los océanos. El caudal se ha reducido en unos tres millones de metros cúbicos por segundo, más del doble de lo que transportan sumados todos los ríos del mundo (1,2 millones).

Un rápido deshielo de la capa de hielo de Groenlandia (como está pasando), y una desaceleración más rápida de la AMOC, podrían desestabilizar el monzón de África Occidental y desencadenar una sequía en el Sahel. La desaceleración de la AMOC también podría secar la Amazonia, interrumpir el monzón del este de Asia y hacer que se acumule calor en el océano Austral, que aceleraría la pérdida de hielo en la Antártida. Repasemos cuántos de estos hechos están ocurriendo. Y preguntémonos qué relación hay entre todos y cada uno.

En todo caso, las preguntas serían: ¿cuándo empezaron cada uno de los puntos de no retorno? ¿Son reversibles? ¿Qué sucederá en 2030 cuando los GEI se hayan reducido (si los poderes políticos y económicos hacen caso a la ciencia) en un 43 %? No debemos olvidar que para algunos científicos e investigadores relevantes ya hemos superado el punto de no retorno global, el *tipping point*, y el desastre climático irreversible ya está en marcha.

## PETRÓLEO Y RENOVABLES

Los poderes económicos y políticos, a pesar de callárselo, son conscientes de que con las energías renovables no se puede mantener el sistema económico vigente basado en el crecimiento. Por tanto, a pesar de hablar de capitalismo verde, se esfuerzan por conseguir los recursos fósiles (también de uranio) que necesitan. Ahora mismo falta de todo: petróleo/diésel, gas, uranio. Para hacerlo más fácil, a pesar del castigo que supone para la biosfera y la vida de los seres que la habitamos, han decidido declarar el uranio y el gas «energías verdes», la penúltima tontería.

Han decidido declarar el uranio y el gas "energías verdes", la penúltima tontería

## DEPENDENCIA FÓSIL

Explica Jordi Solé, profesor en la Universidad de Barcelona, coordinador del proyecto europeo MEDEAS, científico revisor del IPCC, en el documental *50 grados:* "Tenemos un problema. Por un lado, necesitamos el combustible fósil para todos los usos. Somos una sociedad adicta al consumo de combustibles fósiles ya sean líquidos, gases o sólidos.

Dado que hacen falta para que todo funcione, no podemos pasar ni un día sin usarlos. Por el otro, necesitamos reducir las emisiones de GEI no quemando más combustibles fósiles, un recurso finito (eso no significa que se acaben, sino que el ritmo de extracción posible no puede crecer más allá de unos límites y ahora está incluso estancado). Esto es un problema, porque tenemos un sistema económico que necesita que crezca la aportación de fósiles (y otras materias primas) para desarrollarse. Si queremos pues, que el sistema socioeconómico siga creciendo, entonces deberíamos sustituir las energías fósiles por renovables, que también deberían seguir creciendo. Entonces y llevado al límite, qué queremos, llenar todo el planeta de renovables. ¿Entonces de qué comemos?"

Añade Antonio Turiel: "La producción de petróleo desciende rápidamente. El crudo convencional de alta calidad decae desde 2005, y los petróleos no convencionales son muy caros de extraer y no tienen suficiente calidad para obtener, por ejemplo, diésel. Así las cosas, las compañías petroleras están desinvirtiendo desde 2014. En paralelo, las demás fuentes no renovables también están alcanzando sus máximos, si no están cayendo ya. De repente, te encuentras que entre petróleo/diésel, carbón, gas natural y uranio, que producen el 90 % de toda la energía que se consume, todas están en retroceso salvo el gas, que le queda poco tiempo. La propia Agencia Internacional de la Energía (AIE) reconoce que, si no se invierte, en 2025 faltará un 50 % de petróleo. Si se invierte para mantener las instalaciones en funcionamiento, faltará un 20 %".

## DIÉSEL

La producción de diésel, imprescindible para el transporte, la minería, la maquinaria industrial y la agricultura, desciende desde 2018. Ahora mismo, el precio supera el de la gasolina y su carencia amenaza a países muy dependientes, como Alemania, y donde el gobierno ha advertido a las empresas que racionen su uso. En un encuentro organizado por el *Financial Times* en Lausana, Suiza, con la participación de tres grandes compañías que se dedican a la comercialización de materias primas, llegaron a la conclusión que Europa sería víctima del desabastecimiento de diésel, y que incluso ya en abril de 2022 su carencia alcanzaría el 15 %. El racionamiento ha llegado también a Australia y Sudáfrica. Otros países afectados serían Sri Lanka, Argentina o Pakistán. Estados Unidos se nutría todavía en marzo de 2022 de diésel procedente de Rusia. (Veremos de dónde lo sacan ahora. Por eso pactan con Venezuela para mezclar los pesados petróleos del Orinoco con los de baja calidad del *fracking* y ver qué pueden obtener. Sin menospreciar al enemigo Irán como suministrador.)

## PANORAMA ENERGÉTICO

Con este escenario, los poderes políticos y económicos urgieron a encontrar una alternativa como fuera. Y decidieron hacerlo a través de las fuentes de energías renovables (Transición Verde). Duró poco, convencidos de que para mantener la megamáquina industrial que precisa el capitalismo para continuar el crecimiento (habrá, ya los hay, problemas graves de suministro de petróleo/diésel, la esencia del sistema económico), y que las renovables son insuficientes para satisfacer la "necesidades" energéticas, decidieron traicionar definitivamente el sueño verde (extractivismo/colonialismo al margen) y declarar al gas y las nucleares como energías verdes. ¡Aberrante!

## URANIO

Desde 2016, cae la producción de las minas de uranio. Y se prevé que hacia 2025 ya no se podrá satisfacer la demanda. En este punto, es importante ligar el conflicto reciente en el Kazajistán con la crisis que vivimos. La revuelta que fue comparada con la del Maidan, se acabó con la presencia de tropas rusas. ¿Qué estaba en juego? Pues el uranio de que dispone Kazajistán y del cual es el primer exportador mundial, un 41 % del total. Si añadimos que entre Rusia (6 %) y Ucrania (2 %) exportan el 8 % mundial, resulta que desde la órbita rusa se controla directa o indirectamente, la mitad de las exportaciones mundiales (49 %). Cantidad que alcanza el 56 % si sumamos el 7 % que exporta Uzbekistán. Sin omitir la proximidad de estos países con China.

Un segundo ejemplo lo tenemos en África. Las tropas francesas se han retirado de Mali al considerar el país un estado fallido. Pero en realidad estas tropas están concentradas en Níger, sexto exportador de uranio del mundo y de donde las centrales nucleares francesas obtienen el 50 % del uranio del que se nutren. Níger es un ejemplo del extractivismo, colonialismo, desposesión del sur global. Es uno de los países más pobres del mundo y desde hace décadas es explotado por Francia sin que haya subido su nivel de vida/bienestar. Ahora mismo ocupa el último puesto (189) en el Índice de Desarrollo Humano de las Naciones Unidas. Contrariamente (o en consecuencia) es el país con la tasa de nacimientos más alta del mundo. El control del uranio lo tiene la compañía transnacional Orano, antigua Areva, controlada por el Estado francés, que tiene la mayoría del capital.

## GAS

El precio del gas ya subía antes de la invasión rusa. Y dado que es el gas el que marca el precio de la electricidad, se ha llegado a un máximo insostenible para la mayoría de las unidades familiares (y también para las pequeñas empresas suministradoras de electricidad de origen renovable). Así mismo subía el precio de los fertilizantes que se fabrican con gas, esenciales para la agricultura industrial. Algunas fábricas muy importantes dejaron de hacerlos porque el precio de la energía era tan alto que no resultaban rentables. Algunas han reabierto pero funcionando a medio "gas" y solo con las ventas garantizadas, y otras de las importantes están funcionando, pero con fuertes pérdidas: Vestas Wind Systems A/S, Siemens Gamesa, General Electric Co.

Si Rusia cortara el suministro de gas (el 41 % de lo que importa la UE según Eurostat, 45 %, según otras fuentes), del petróleo (un 27 %) y del carbón (un 45 %); o si fuera la propia UE que decidiera prescindir del gas que importa, de dónde conseguiría esa energía necesaria para hacer realidad el sueño verde? No debe omitirse que Rusia es el primer exportador mundial de gas. De hecho, no hay alternativas al gas ruso, aunque se importe por vía marítima, ya sea de Estados Unidos, autosuficiente gracias a la fractura hidráulica *(fracking)* económicamente insostenible, o de Qatar...

En España el principal proveedor de gas es Argelia. Al apoyar a Marruecos en el conflicto del Sáhara y abandonar al Frente Polisario, Madrid se exponía a que Argel tomara represalias. El jueves 7 de abril de 2022 se confirmó la amenaza coincidiendo con la visita del presidente Pedro Sánchez a Marruecos. El gobierno argelino, a través de la empresa Sonotrach, confirmaba que tenía la intención de subir el precio del gas a España. Decisión que corroboraba la vicepresidenta tercera, Teresa Ribera, que miraba de quitarle hierro confiando en que la subida fuera más bien moderada.

Todo apunta a que se aumentará el uso del carbón (alcanzó el pico en 2019), más intensivo en emisiones, en todos aquellos países que dispongan de él. Un ejemplo lo tenemos en el ministro de Economía y Clima alemán, Robert Habeck, del partido de los Verdes, que decía en marzo: "No descartamos [el gobierno] que las centrales de carbón tengan que funcionar más tiempo para que el país sea más independiente de Rusia". De hecho la UE ya ha dado el visto bueno a comprar tanto carbón como esté disponible en el mercado.

Y pese a promesas, declaraciones y buenas intenciones, se seguirá haciendo uso de todas las energías fósiles que se puedan conseguir para mantener el crecimiento. En Cataluña, lo vemos en el empeño de algunos sectores en ampliar los aeropuertos y el puerto de Barcelona (los sectores aéreo y marítimo representan como mínimo el 5 % de las emisiones mundiales), o en recuperar el turismo sin hacer un análisis de lo que suponen millones de personas en cuanto a las emisiones de $CO_2$, construcción, uso del agua, alimentación, por poner unos ejemplos...

## ¿QUÉ OCURRE CON LAS RENOVABLES Y LOS MINERALES PARA FABRICARLAS?

Pues que la energía obtenida es electricidad y no sirve para todo. Lo explica Antonio Turiel: "La electricidad es tan solo la quinta parte de la energía total que consumimos. Electrificar el 80 % no eléctrico es muy difícil y, de hecho, se sabe que es imposible. Por otra parte, las energías renovables no son energías concentradas como las fósiles, están dispersas por el territorio, son difusas e intermitentes, y siguen los ritmos de la naturaleza y no la cadencia de los mercados. Deviene entonces que al tener un rendimiento muy bajo (hay mucha pérdida en el proceso de construcción y en la concentración de la energía que se capta para poder mantener estos sistemas productivos a escala industrial), no podrían mantener la sociedad en el volumen que queremos mantenerla".

> La demanda de materiales para hacer energía renovable se cuatriplicará hacia 2040

Hay que tener presente que la Agencia Internacional de la Energía advertía en mayo de 2021 (antes de la guerra de Ucrania) que la demanda de materiales para fabricar las energías renovables se cuadriplicará hacia 2040. Afirmaba: la demanda de litio se multiplicará por 42, la de grafito por 25, la de cobalto por 21, la de níquel por 19, y la de tierras raras por 7. Pero todo se acelera y la AIE no tiene más remedio que ir admitiéndolo.

En el mes de octubre, la AIE enmendaba sus pronósticos y reconocía, en el *World Energy Outlook*, respecto al incremento en la producción de minerales que la demanda de litio será cien veces superior a mitad de siglo. La de níquel siete veces. La de cobre, seis, al igual que el manganeso. O la de cobalto, casi cuatro. En consecuencia, las tecnologías de energías limpias emergen como el segmento que experimenta el crecimiento de la demanda más rápido de la mayoría de minerales, evolucionando de nicho de mercado a principal consumidor.

Alicia Valero, ingeniera química, investigadora en el CIRCE, autora del libro *Thanatia, los límites materiales de la transición energética*, sostiene que para realizar la transición energética no basta ni con las reservas conocidas, ni tampoco con las probables, de materiales como el propio litio o el cobre (las minas han iniciado el bajón), ni de platino, ni de cobalto, ni de níquel, ni de manganeso, ni de plomo, ni de oro, ni de plata, esencial para los conectores de las placas solares. Estamos a punto, afirma Valero, de alcanzar los límites geológicos del planeta. Ni cuatro planetas serían suficientes para obtener los minerales necesarios.

Tanto es así, que la propia AIE, un organismo de la OCDE, recomendaba a los países pertenecientes que almacenaran estos minerales. En otras palabras, que acaparen. Y esto significa decrecer. Debemos entender, dice Antonio Turiel, que "el decrecimiento, al menos de la esfera material y energética, es inevitable, ya ha comenzado, y se acelerará en los próximos años". Todo ello, sin olvidar que, para la construcción, despliegue y reparación de las energías renovables se necesitan las fósiles.

## HIDRÓGENO VERDE

Así las cosas, ¿es posible que la solución del hidrógeno verde lo sea de verdad, como afirman los poderes políticos y económicos? ¿O es otra forma de enriquecerse, en detrimento de la población que tendrá que pagar los fondos verdes europeos?

El hidrógeno no es una fuente de energía, es un vector energético que es necesario producir. Se realiza con la hidrólisis del agua, que, con el paso de la electricidad, permite obtener hidrógeno. Pero ¿se tiene la capacidad de disponer de estos excedentes de energía? La tecnología existe, pero ¿la producción de hidrógeno se puede escalar hasta donde haga falta? O, como acabamos de leer, ¿el bajo rendimiento de las renovables y la falta de materiales y minerales, y por tanto el aumento de los precios, hace imposible construir y explotar las fuentes de energía renovable que harían falta? Turiel responde: "La propia estrategia europea del hidrógeno (que tiene un rendimiento aún más bajo que las renovables) reconoce que Europa no podría autoabastecerse de hidrógeno, que necesitaría los territorios de alrededor o de otros países para abastecerse".

Y no solo energía, sino también agua para realizar la hidrólisis, un bien escaso en muchos lugares del planeta (cada vez más) y que va a generar guerras (ya lo hace). Como decíamos en el capítulo anterior, tenemos el ejemplo de Inga3, un gran embalse en el río Congo que los alemanes piensan utilizar para obtener hidrógeno que sería transportado hasta Alemania en trenes alimentados con hidrógeno. O el caso del inmenso embalse Renacimiento construido en Etiopía que retiene las aguas del Nilo Azul y que puede dejar desabastecidos a Sudán y Egipto. Las amenazas se están entrecruzando entre los tres países, aunque todavía no está lleno. En España, por ahora se dispondría del agua suficiente, pero está prevista una pérdida del 25 % en los próximos años. Y la pregunta procede, ¿en detrimento de qué y de quién sería?

Y hablando de agua, es necesario observar su obtención indirecta. Varios países se llevan los frutos de los cultivos que tienen en África (países de la península arábiga, China...) o los acueductos que Israel ha construido desde Etiopía y que ya han sobrepasado el mar Rojo, aunque no estén en funcionamiento, que se sepa.

Las energías renovables no llenarán el vacío energético que dejan las fósiles. De hecho, las energías renovables baratas se han terminado. Ahora mismo, y, en consecuencia, empresas fabricantes de estas energías están cerrando porque los precios (energía y materiales) les resultan insostenibles. Y el hidrógeno, que solo se puede intentar justificar si es obtenido con excedentes de electricidad procedentes de las renovables, todavía es menos rentable y necesita agua, que en las zonas hídricamente estresadas será objeto de tráfico y provocará enfrentamientos, también entre países.

## EXTRACTIVISMO

La escasez de minerales y energía, dice Daniela del Bene, investigadora del ICTA-UAB con el grupo de Ecología Política y Justicia Ambiental, en el documental *50 grados*, está alimentando el extractivismo: "Un patrón de extracción masiva a escala industrial, controlado por empresas transnacionales de acuerdo con gobiernos nacionales, a menudo avaladas y protegidas por tratados internacionales, para después sacar estos materiales de los países sacrificados de donde se extraen, hacia los centros de producción y consumo. Estas dinámicas extractivas cada vez son más intensas y violentas. Hemos hecho un estudio —continúa Del Bene— con todos los datos que hemos podido recopilar desde 2012, y hemos visto que los sectores más violentos (empresas, cuerpos paramilitares, intereses ocultos, y los propios estados) están obligando a las comunidades a aceptar estos proyectos. Esto se hace con violencia directa o con oleadas de criminalización de todas aquellas personas que se oponen o cuestionan lo que se está haciendo". Atención, habitantes de los países del norte, no les pase lo mismo.

> En las reuniones de Davos ya se ha hablado de las personas como mercancía

Estamos hablando no solo de minería para extraer esos minerales que les hacen falta, sino también de yacimientos de petróleo o gas, de grandes extensiones de placas solares o de aerogeneradores que impiden un uso diferente del suelo, y de grandes proyectos hidráulicos que resultan ser muy violentos por la cantidad de territorio que ocupan los embalses, los cultivos que se pierden y el enorme número de personas que desplazan.

Por tanto, para conseguir que el sistema capitalista siga creciendo, es necesario disponer de más territorios para poder producir la energía renovable que se propone consumir.

Es necesario, pues, que menos gente tenga acceso a los recursos reservados a los privilegiados, que menos personas los disfruten. Es decir, hacer pagar el decrecimiento al sur global, lo que significa incrementar su expolio. Y aumentar la precarización, la desposesión y la marginación no solo en el sur global, también de las personas más desfavorecidas del norte, que cada vez serán —seremos— más pobres o tendremos más difícil el acceso a los recursos. En otras palabras, que para mantener el crecimiento habrá que echar del sistema a la «población sobrante». De hecho, en las reuniones de Davos, por poner un ejemplo, ya se ha hablado de las personas como mercancía.

## EXCUSAS

Siempre que se ha acordado reducir el consumo de fósiles (después de la pandemia, en París, antes en Kioto, o después de la crisis de 2008), se ha querido llevarlo a cabo sin dejar de crecer y se ha empleado cualquier obstáculo (pandemia, crisis económica, escasez de materiales y energía, necesidad de recuperar el PIB, guerra de Ucrania) para aplazar la aplicación de los acuerdos y volver a poner en marcha el sistema industrial, agroindustrial, de transporte (marítimo, aéreo, terrestre) utilizando combustibles fósiles. Para conseguirlo, se han inventado conceptos —capitalismo verde, Green New Deal...— que, bien aderezados, han servido para contentar a la gente explicándoles que se podía volver a los tiempos pasados y mantener el crecimiento, sin dañar la biosfera.

La necesidad de energía procedente de la fuente que sea, se impone y conduce a la UE a engañar. Lo demuestra el hecho de declarar energías verdes las procedentes del gas y de las nucleares. ¡Una barbaridad! ¿Por qué? Pues porque el que sean verdes o no, no depende de declaraciones políticas, sino de hechos científicos inequívocos. Y estos hechos demuestran que ambas son altamente contaminantes, causando muertes, reales y potenciales. Reinan así el cinismo, la hipocresía y el egoísmo. Y se pierde la vergüenza, toda la vergüenza. El resultado es un nuevo vertido masivo de GEI a la atmósfera alimentando, aún más, el calentamiento global.

Los obstáculos están sirviendo así para esconder las verdaderas causas de las crisis, y se ha tratado de imponer la idea de que el motivo han sido los "contratiempos". Y no es cierto. La pandemia, por citar un caso, ha sido un acelerador, pero no la causa. Por el contrario, con casi toda probabilidad, la propia pandemia tiene sus orígenes en el cambio de los usos del suelo, una de las fuentes del calentamiento global. Y ese cambio, la conquista de nuevas tierras hasta ahora inhóspitas, ha puesto en contacto a nuevos virus con los humanos. Cuando modificamos la dinámica de conducta de una especie que tiene unos reservorios de patógenos, modificamos el ciclo de los patógenos y podemos modificar su riesgo de transmisión.

Nos decía el doctor Jordi Serra Cobo en *Catalunya Plural:*[1] "Cuando desorganizamos los ecosistemas, sacudimos los virus y los liberamos de sus huéspedes naturales. Cuando esto ocurre, los patógenos necesitan un nuevo anfitrión. A menudo lo somos. Es la transferencia zoonótica". Es el caso de las epidemias recientes: fiebre del Zika, virus del Ebola, SARS, MERS. Y con mucha probabilidad, también la covid-19. Es decir, la pandemia proviene de actividades humanas que ayudan al calentamiento, degradan el suelo y destruyen la biodiversidad. Todo esto es un serio perjuicio a la salud planetaria. Aumentan las plagas y enfermedades (el dengue es una amenaza en Asia, Europa, Centroamérica y América del Sur, y el África subsahariana), y las víctimas mortales.

Pero no solo la pandemia ha servido de excusa. Cuando los mercados no han podido suministrar recursos (semiconductores, minerales imprescindibles, materiales, energía, fertilizantes y ahora alimentos



1 https://catalunyaplural.cat/es/jordi-serra-cobo-siempre-ha-habido-epidemias-pero-nunca-ni-tan-frecuentes-ni-de-este-alcance-las-amenazas-continuaran/.

como el grano o el aceite) se ha culpado a la pandemia o a la invasión de Ucrania. Y no se ha tenido en cuenta que todas las crisis están relacionadas y se retroalimentan, que el planeta es finito y que la disponibilidad de materiales, minerales, energía, también lo son. O que el cambio climático aumenta las sequías. Y que cuando falta agua hay que decidir cuál es la prioridad: agua para la industria, o para uso de boca y regar los campos. Fue el caso de Taiwán, que necesita cantidades ingentes de agua para producir los chips. Agua, energía, materiales básicos, todo está relacionado.

O que la multiplicación de los precios de la energía no es tan solo un problema de la guerra, sino que antes ya estaban subiendo, porque la carencia de gas, petróleo, y minerales, no es coyuntural sino sistémica: cada día cuesta más extraerlos. Y los minerales también eran y son escasos para abastecer las actividades previstas para alcanzar el crecimiento imprescindible: no menos del 3 %.

Pongamos un nuevo caso: Europa, antes de la guerra, utilizaba el 20 % de las materias primas que se producen en el mundo, de las que solo obtiene el 3 % en su propio territorio. Así pues y como mínimo, tiene un déficit de producción del 85 % de los recursos que debería importar. Entonces, si en aplicación del Green New Deal, del capitalismo verde, Europa quiere fabricar más placas solares, aerogeneradores, acumuladores de energía, coches eléctricos y otras "necesidades" para hacer realidad el "sueño verde", dada la insuficiencia manifiesta de recursos, ¿dónde los irá a buscar y qué consecuencias tendrá sobre la biosfera y todos los seres sensibles que lo habitan, personas incluidas?

## LA GRAN CONTRADICCIÓN

Mitigar el cambio climático quemando fósiles es una quimera. El propio despliegue de las renovables necesita energías fósiles. He aquí la gran contradicción: si abandonamos las energías fósiles, dice Ferran Puig Vilar, e implementamos las renovables, habrá un inevitable decrecimiento energético, nos pongamos como nos pongamos. Y causará guerras y marginación por la obtención de los recursos. Si, por el contrario, para mantener el crecimiento seguimos quemando energías fósiles, los peores escenarios climáticos se abrirán camino mucho más deprisa y serán, en muy pocos años, irreversibles.

> La mejor forma de salvaguardar la vida es el decrecimiento pactado y ordenado

Si de verdad se pretende que la transformación energética tenga futuro y no sea rechazada por discriminatoria, es ineludible evitar el aumento de las desigualdades, eliminar los privilegios verdes, mejor dicho, todos los privilegios, y pensar cómo vivir de otro modo. ¿Es lo que se quiere de verdad, o solo son palabras, lenguaje, propaganda?

Dice Olga Margalef en el documental *50 grados:* "Tenemos unos niveles de preocupación finitos. Si estás muy preocupado porque estás en paro, porque no sabes qué comerás, no puedes estar a la vez muy preocupado por el cambio climático porque no se puede soportar todo a la vez. Tenemos que atar las políticas que nos hagan salir del paro, que nos saquen de la crisis económica, que nos hagan salir a la vez del cambio climático, que nos hagan transitar hacia un contexto de justicia ambiental deseable".

Solo existe una solución, el cambio de cosmovisión. Mirarnos el bienestar y la vida de una manera diferente al consumo por el consumo, que la vida es lo más importante, y aceptar que la mejor forma de hacerla realidad, es el decrecimiento pactado y ordenado (del cual hablamos en el último capítulo). Por el contrario, si es desordenado, causará un caos del que, en estos días, con la falta de suministros minerales, materiales, energía, alimentos que disparan los precios, estamos viviendo una muestra de su avance que día a día es más duro, y podría derivar en violento. En todo caso, al estar la llamada izquierda desaparecida, la ultraderecha, el fascismo, los futuros ecofascismos, están plantando sus semillas.

# Cómo la invasión de Ucrania pone en evidencia la fragilidad alimentaria del planeta

**El cambio climático socava (ya lo está haciendo) la soberanía alimentaria. Y la guerra acentúa estos riesgos. Los cereales procedentes de Ucrania son esenciales para la subsistencia de muchos países del sur global (también son importantes para Europa, España incluida). Tanto es así, que son clave en la determinación de los precios de las materias primas alimentarias a escala mundial. Existe un serio riesgo de un *shock* en los mercados globales.**

El cambio climático ha expuesto a millones de personas a una inseguridad alimentaria e hídrica aguda, especialmente en África, Asia, América Central y del Sur, en las pequeñas islas y en el Ártico. Pero no solo, en el rodaje del documental *50 grados*, en el mes de junio de 2021, Ferran Puig Vilar, ingeniero superior de Telecomunicaciones y editor del blog *Usted no se lo cree*, le preguntaba a Marta Rivera, profesora de investigación en Ingenio (CSIC-UPV) que "hasta qué punto —crees Marta— que hay riesgo de interrupciones más o menos bruscas de suministro de alimentos". Y ella respondía: "Hay más de un riesgo en cuanto al sistema alimentario. El primero es la disponibilidad de alimentos porque se ha reducido la productividad de los cultivos. En el Mediterráneo, la proyección es de una reducción del 17 %. En Europa, ya se ha observado una reducción de la productividad del 5 %. Datos realmente preocupantes, que nos tienen que hacer pensar en una reorganización del sistema alimentario a escala europea. Por otro lado, nos amenaza una reducción del abastecimiento energético. Y finalmente, el abastecimiento también está amenazado por los fenómenos meteorológicos extremos que podrían causar una interrupción".

A todas estas causas que amenazaban el normal abastecimiento de alimentos, se ha añadido la guerra en Ucrania y las posteriores sanciones y las respuestas de las cuales hablaremos más adelante.

Explicábamos en el capítulo anterior que, si la temperatura incrementa entre +1,5 °C y +2 °C a escala global, las cosechas ya no serían estables. Una vez más, ha quedado demostrado que las previsiones del IPCC se quedan siempre cortas, que informe tras informe, los resultados son peores de lo que se esperaba. No ha sido necesario llegar a +1,5 °C de media global para observar que la productividad menguaba en las zonas más afectadas por el cambio climático, Europa incluida. En el norte, pues, no estamos a resguardo de la crisis alimentaria que se acerca (¿ya está aquí?).

El cambio climático dificulta, y cada vez más y en todas partes, la producción y el acceso a los alimentos. Cuanto más vulnerable es una región, más dificultades aparecen. Los sistemas alimentarios (agricultura, silvicultura, pesca y acuicultura) se están deteriorando por el exceso de las temperaturas, las sequías, las inundaciones, los incendios forestales... Pero todo esto no sucede exclusivamente por el cambio climático. También acontece por la gestión que el sistema económico y cultural vigente hace de la biosfera y que la mayoría de la población del norte dominante acepta como el único procedimiento posible.

## ALIMENTACIÓN FÓSIL

"La alimentación es la primera fuente de energía. Es así como nosotros nos mantenemos vivos", le gusta decir a Antonio Turiel, investigador científico del CSIC en el Instituto de Ciencias del Mar. A la agricultura industrial le hace falta mucha energía fósil, principalmente diésel para la maquinaria y el transporte. Y la fabricación de fertilizantes nitrogenados precisa de gas natural. Dos razones indiscutibles para que suban los precios de los alimentos, a las cuales tendríamos que añadir China, que ha reducido un 90 % las exportaciones de fertilizantes. Y Rusia, que también lo hizo antes de la guerra contra Ucrania.

El año 2019 el biofísico Paavo Jarvensivu, de la Universidad de Helsinki, nos hizo entre otras, dos recomendaciones esenciales: 1) los alimentos se han de producir de forma que se regenere el suelo en lugar de erosionarlo, y 2) se tienen que transportar personas y mercancías sin quemar petróleo ni ningún otro combustible fósil. En otras palabras, se ha de trabajar en favor de la soberanía alimentaria en cada territorio, teniendo cuidado de la regeneración de los suelos e impidiendo su degradación. Y tan solo transportar alimentos de una parte a otra del mundo en caso de extrema necesidad. Sin embargo, entre el 21 y el 37 % del total de las emisiones de gases de efecto invernadero (GEI) están relacionadas con la producción y el consumo de alimentos, de las cuales entre el 5 y el 10 % corresponden al transporte. Y es que el sistema agroalimentario industrial que rige la alimentación es una máquina de transformar combustibles fósiles en alimentos con muy baja eficiencia.

El resultado ha sido convertir una necesidad humana ineludible, un derecho humano, alimentarse, en una mercancía especulativa. Esta metamorfosis empezó a finales del siglo XIX, se aceleró en el XX con la "revolución verde" y se consolidó con la creación de la Organización Mundial de Comercio (OMC) en los años noventa del siglo pasado. En este tiempo, ha habido un notable cambio de paradigma como explica Marta G. Rivera en *50 grados*: "1) Se sustituye una energía renovable como es la fuerza del trabajo humano, por herramientas que dependen de la energía fósil, como por ejemplo el transporte, los tractores y la maquinaria en general; 2) para producir alimentos, se traspasan fronteras agrarias, colonizando y deforestando nuevos territorios, que previamente habían almacenado carbono en forma de bosques y que, al desaparecer, emiten a la atmósfera en forma de $CO_2$ (hasta ahora ha supuesto un 30 % del total de GEI), y 3) se usan fertilizantes nitrogenados (amonio, urea) que también consumen energía fósil y emiten óxido nitroso al utilizarlos y depositarlos en los suelos".

En cien años, se han duplicado los compuestos nitrogenados artificiales en el suelo, el aire y el agua

En los últimos cien años, se ha producido un efecto nada positivo: se ha duplicado la cantidad de compuestos nitrogenados artificiales en el suelo, el aire y el agua. Y esto es muy peligroso, porque, en exceso, el nitrógeno es un contaminante que acelera el cambio climático a través de las emisiones de óxido nitroso, un potente GEI, que envenena el agua, los animales, las plantas y los seres humanos. Según los científicos del clima, esto es actualmente una de las amenazas más graves para la humanidad.

Como fertilizantes también se usan el fósforo y el potasio. Con el nitrógeno, los tres elementos clave de la fórmula NPK: nitrógeno, fósforo, potasio. Los tres conforman la base de la agricultura industrial. Los tres primeros productores de potasa son Canadá, Bielorrusia y Rusia. Y el cuarto es China. El principal exportador es Rusia, seguido de Canadá y China. Como veis Rusia y Bielorrusia están al frente de la producción y exportación de potasa. Bielorrusia está sancionada desde hace tiempo y Rusia lo estará después de haber atacado Ucrania. En cuanto al fósforo, la principal reserva radica en Fos Bucraa, en el Sáhara Occidental (también lo hay en China y en Estados Unidos) ocupado por Marruecos, zona de conflicto por la legítima reivindicación del Frente Polisario de celebrar, con el apoyo de Argelia, un referéndum de autodeterminación que Marruecos le niega, con el apoyo reciente de España. El fósforo, además, es de los tres componentes básicos NPK el que está en más peligro de agotarse. La guerra, pues, está empeorando el sector de los fertilizantes, ya sea por carencia de materias primas o de productos elaborados.

Antonio Turiel y Juan Bordera advertían en un artículo en *CTXT* de 19 de febrero de 2022 titulado Fertilizantes: ¿en la antesala de una gran crisis alimentaria?, que en el peor momento de la crisis del gas natural en 2021, la mayoría de plantas europeas de producción de fertilizantes cerraron. Y solo han abierto con contratos garantizados y a precios mucho más altos. Sería el caso de Fertiberia, radicada en España pero a manos de un grupo inversor internacional. Otras empresas que han cerrado en un momento dado serían Yara International, noruega; CF Industries, estadounidense; o BorealisAge, austríaca. Pensamos que, por si fuera poco, China ha reducido las exportaciones de un 90 %, como también Rusia, que a pesar de disponer de gas natural, suspendió las exportaciones antes del ataque a Ucrania. Y es que para hacer fertilizantes inorgánicos se emplea un tercio del total de la energía que se usa en el sistema agroindustrial. Más cerca que no las industrias está el campesinado, que en muchos casos no ha podido pagar los fertilizantes y ha decidido no sembrar. No sabemos cuántos, pero lo sabremos, y será una mala noticia. No querría dejar de citar los herbicidas y los pesticidas que se derivan del petróleo y que también están sometidos a la crisis de los combustibles fósiles y a la subida de precios.

## MONOCULTIVOS Y DIVERSIDAD GENÉTICA

A medida que la agricultura ha sido colonizada por la agricultura industrial, se han impuesto los monocultivos y se ha perdido diversidad genética. Esto ha comportado menos variedad de semillas e inmensas plantaciones del mismo producto hasta agotar la fertilidad. Los campesinos han sido empujados (obligados, de hecho) a hacer de sus tierras monocultivos de variedades homogéneas de alto rendimiento. Se han perdido así incontables variedades de cereales, frutas, verduras y especies mejor adaptadas a la sequía, el calor, la humedad, y también a determinados patógenos. Son las consecuencias de haber dejado la alimentación en manos de monopolios que tan solo piensan en los dividendos de sus accionistas y en mantener la producción al coste que sea y a expensas de quién sea.

Ahora que las temperaturas suben aceleradamente y los rendimientos de los cultivos decaen, la agroindustria intenta recuperar semillas más resistentes/resilientes que hasta ahora no tan solo había descartado, sino también prohibido.

Después de múltiples fusiones, cuatro empresas encabezan la lista de ventas de agroquímicos: Bayer CropScience (10.374 millones de dólares), SyngentaGroup (10.118), BASF (7.123) y Corteva (6.256 millones de dólares). Entre las diez primeras también están FMC, ULP, Adama, Somitomo Chemical, Nufarm, y Yamgnong Chemical. Después de las diez primeras, nueve de cada diez empresas son chinas. Por otro lado, CropLife es la principal organización comercial de las compañías más grandes de agroquímicos y biotecnología agrícola del mundo. Esta macroorganización representa sus seis principales miembros: Syngenta, FMC, Bayer, BASF, Sumitomo Chemical y Corteva, y defiende los intereses de la industria de la ciencia de los cultivos.

Entre los principales objetivos tiene garantizar que los productos fitosanitarios y las semillas biotecnológicas formen parte del apoyo a la agricultura sostenible.[1]

Todas estas empresas han querido y quieren obligar a los campesinos a usar todos sus productos, desde las semillas hasta los fertilizantes y

[1] https://systemicalternatives.org/2022/01/17/los-duenos-del-circo-principales-empresas-que-se-benefician-del-modelo-agricola-dependiente-de-los-agroquimicos/.

pesticidas (esclavitud industrial). Y no tienen ningún interés en evitar, a pesar de estar perfectamente informadas (los primeros dictámenes del cambio climático son de los años sesenta del siglo pasado), los costes ambientales derivados del uso de fertilizantes sintéticos, pesticidas y maquinaria que deterioran el suelo y calientan la atmósfera con el vertido de GEI. Se limitan a promocionar eslóganes con conceptos altisonantes *(marketing)*, como "agricultura sostenible", para engañar a la ciudadanía generando falsas esperanzas.

Contrariamente, sí que se han ocupado, no tan solo de descalificar las producciones locales de alimentos y los sistemas de producción alternativos (de hecho son los sistemas originarios), como por ejemplo la agroecología, la agricultura ecológica o la permacultura, sino que continuamente amenazan el campesinado si no se somete a sus intereses. Y no lo olvidemos, todo con la connivencia de los poderes públicos subordinados a los poderes económicos dominantes (gobiernos al servicio de los mercados).

Os hago llegar el enlace a un web donde se destapan las caras comerciales de las grandes multinacionales dominadoras del sistema alimentario.[2]

La seguridad alimentaria está pues indiscutiblemente en peligro. Inseguridad agravada por la crisis de los combustibles fósiles imprescindibles para la agricultura industrial (fertilizantes, piensos, transporte, funcionamiento de la maquinaria). Y la guerra, que acelera la inestabilidad al disminuir significativamente el avituallamiento tanto de energía, petróleo, gasóleo, gas, como de grano y aceite de girasol, por poner dos ejemplos que afectan a España. Un caso más donde se demuestran las interrelaciones, la interdependencia y la retroalimentación entre todas las crisis. En definitiva, el cambio climático socava (ya lo está haciendo)

[2] https://www.consumer.es/ca/alimentacion-ca/les-empreses-dalimentaci-que-controlen-el-mercat-a-espanya-i-el-mn.html.

la soberanía alimentaria. Y la guerra acentúa estos riesgos explicitados tímidamente por el IPCC.

## CEREALES (Y GUERRA)

Desde hace muchos años, Ucrania es codiciada por la capacidad de producir cereales de buena parte de sus tierras. Una de las grandes riquezas son las tierras negras. Hay dos "cinturones de chernozem" en el mundo (unos 230 millones de hectáreas). Uno va desde las praderías del Canadá (en Manitoba) y se prolonga por las grandes llanuras de Estados Unidos hasta llegar a Kansas. El otro va desde Croacia hasta el sur de Rusia, en Siberia, recorriendo el Danubio y, sobre todo, Ucrania y la Tierra Negra de la Rusia Central. En Ucrania los suelos son muy fértiles, se caracterizan por tener un metro de profundidad y estar formados por materia orgánica rica en fósforo, potasio y microelementos, ideales para los cereales que necesitan sustratos con esta profundidad. La pregunta sería: ¿el norte global estaría tratando de controlar las tierras negras a expensas del control ruso? ¿Es este uno más de los motivos de la invasión?

Una de las dos grandes zonas de chernozem en Ucrania rodea Donetsk y Lugansk, es decir, está en zona de conflicto y ahora es el momento de plantar las semillas. ¿Qué pasa? Pues que el presidente Zelenski, para asegurar los alimentos básicos a los ucranianos, ha prohibido la práctica totalidad de las exportaciones (solo se pueden exportar pequeñas cantidades de maíz y aceite de girasol). Y resulta que los cereales procedentes de Ucrania son esenciales para la subsistencia de muchos países del sur global (también son importantes para Europa, España incluida). Tanto es así, que son clave en la determinación de los precios de las materias primas alimentarias a escala mundial.

Ucrania es el quinto exportador de trigo del mundo (y Rusia el primer productor y exportador). Primero de girasol, segundo de cebada, quinto de maíz, noveno de soja, tercero de patata, séptimo de remolacha de azúcar... Este año las exportaciones de Ucrania debían garantizar el 12 % de las exportaciones globales de cereales, algo que no puede hacer por la guerra, la prohibición de las exportaciones y el bloqueo/ocupación de los puertos del mar Negro. No hacerlo causará un *shock* en los mercados globales (el trigo es el motor del comercio mundial de alimentos). De hecho, el precio del trigo ya había subido antes de la guerra (no deja de subir desde 2016), a consecuencia de las interrupciones de suministro causadas por la covid-19, los acontecimientos climáticos extremos, la disminución de los abastecimientos energéticos y la mengua de productividad de los cultivos. Con la guerra, la inestabilidad se ha multiplicado. Además, y por si fuera poco, Rusia es uno de los principales productores de fertilizantes, y Bielorrusia el principal exportador de potasas.

> El norte global estaría tratando de obtener tierras negras a expensas del control ruso

Si sumamos Rusia y Ucrania, entre las dos suministran el 30 % del trigo mundial, el 20 % del maíz, el 75 % del girasol, y el 33 % de la cebada, según datos de la FAO. A todo ello tendríamos que sumar que Europa fabrica el etanol con trigo (10.000 toneladas, según Ecologistas en Acción, el equivalente a 15 millones de hogazas de pan de 750 gramos cada una); el bioetanol con cebada, maíz, caña de azúcar y centeno, y el biodiésel con soja, girasol, colza y palma.

Los territorios más dependientes están en África y Asia. El Líbano depende en un 50 % del trigo que procede de Ucrania, lo cual supone el 35 % de la ingesta calórica de los libaneses. Una dependencia similar la sufren también Libia, que depende del trigo ucraniano en un 43 %, Malasia en un 28 %, Indonesia también en un 28 %, Bangladesh en un 21 %, Yemen (atacado y en guerra con Arabia Saudí) en un 22 %, Egipto en un 14 %. También son dependientes Argelia y Brasil, y no nos olvidemos, Palestina.

Así las cosas, varios gobiernos están restringiendo la exportación de grano y otros alimentos para asegurar el suministro interno y evitar tanto como puedan el aumento de precios en su país.

## PRECIOS

El 22 de enero de 2022, poco antes de la guerra, Alex Smith, analista de alimentación y agricultura del Breakthrough Institute, escribía en la revista *Foreing Policy*: "Hay muchas razones por las cuales se tiene que parar una invasión rusa de Ucrania antes de que suceda. La interrupción de las entregas de alimentos de uno de los graneros más importantes del mundo, debería ser una de las principales. Si una invasión es inevitable, los gobiernos de todo el mundo tienen que estar preparados para reaccionar rápidamente para evitar la inseguridad alimentaria y el hambre potencial, incluso enviando ayuda alimentaria a los países necesitados y acelerando los cambios de la cadena de suministro para redirigir las exportaciones a los clientes actuales de Ucrania".

La FAO informa que los precios de los alimentos han subido un 33,6 % de marzo de 2021 a marzo de 2022. El trigo ha subido ese último mes de marzo un 19,7 % (no solo por la guerra sino también por la sequía en Estados Unidos). El maíz un 19,1 %. El aceite vegetal impulsado por el aceite de girasol un 23,2 %. El azúcar un 6,7 %. La carne un 4,8 %. Y los lácteos un 2,6 %. Por cierto, los lácteos han subido en un año, de marzo de 2021 a marzo de 2022, un 23,6 %. Y los países más poderosos y ricos del mundo no han tomado las medidas que hacían falta para hacer frente a una crisis cantada.

El resultado es que ahora mismo, y a modo de ejemplo, tenemos conflictos alimentarios en Palestina (totalmente dependiente), Turquía (aumento de costes exorbitantes), Marruecos (revueltas por carencia de cereales, en especial trigo), Shanghái (oficialmente por covid-19, pero también por carencia de suministros), Sri Lanka (no paga la deuda para ahorrar dólares y poder comprar alimentos), Kazajistán (a pesar de ser un país exportador), Argentina (con sequía y carencia de abastecimiento de energías fósiles), Perú (faltan fertilizantes), Brasil (no dispone de trigo), o Colombia (uno de los nuevos puntos críticos señalados por Naciones Unidas por carencia de alimentos/hambre), y en la República Democrática del Congo, segunda economía de África, un país del cual nos llevamos sus riquezas como auténticos saqueadores (coltán, tierras raras, diamantes, cobalto, cobre, oro, agua) y les dejamos la miseria y la muerte, está sufriendo ahora mismo la peor crisis de hambre del mundo. Oxfam informaba en abril de 2022 que 260 millones de personas adicionales podrían caer en la pobreza extrema por la covid-19, el aumento de las desigualdades en todo el planeta, y el aumento desorbitado del precio de los alimentos.

Una crisis de hambre masiva amenaza a millones de personas en África, Yemen y Siria

En el informe "Después de la crisis, la catástrofe",[3] dice Oxfam que 860 millones de personas podrían vivir en la pobreza extrema (menos de 1,90 dólares/día) a finales de 2022. De hecho, una crisis de hambre masiva amenaza a millones de personas en África Oriental, Sahel, Yemen y Siria. Pero no solo, porque el aumento de precios está exacerbando también las desigualdades en el norte global. Y España no se escapa: una inflación del 9,8 % (en marzo de 2022) supone una pérdida de poder adquisitivo de 16.700 millones de euros que afectará sobre todo a los hogares con las rentas más bajas.



[3] https://oxfam.app.box.com/s/hv91efeua9tu2eupykpg0taksojwcb1v.

## DIÉSEL

Si a todo ello le añadimos la crisis del diésel, que va subiendo de precio en todas partes y es imprescindible para la mecanización agrícola y el transporte, se va concretando un mapa que tan solo podemos calificar de desolador: en Europa, se prevé una reducción no menor del 15 %, que conduce a un escenario de racionamiento inminente (no solo del diésel sino también del gas y del petróleo).

Nos acercamos a una crisis mundial del diésel

En Australia, también se plantean el racionamiento. En Sudáfrica, ya han limitado su venta. En Sri Lanka no tienen, tampoco en Pakistán, ni en Nigeria, que prefiere exportar su petróleo que refinarlo. Y en Argentina (que ha restringido las exportaciones de carne de vacuno), en plena campaña de recogida de la soja, su petróleo procedente del *fracking*, explica Antonio Turiel, no es capaz de producir diésel y tienen que ir a comprarlo muy caro a los mercados internacionales, poniendo en peligro la cosecha. Y es que hace falta petróleo de calidad para producir diésel. Para hacernos una idea, Estados Unidos estaba importando diésel de Rusia el pasado mes de marzo, mientras Arabia Saudí, país productor de petróleo, compraba para acapararlo. Nos acercamos a una crisis mundial del diésel.

A pesar de estos problemas indiscutibles, la industria de los biocombustibles, desvergonzada, presiona para que más trigo y maíz sustituyan la carencia de petróleo. Una vez más, primero, el negocio, y después la vida, con quien la gran industria agroalimentaria está en guerra.

## ESPAÑA / CATALUÑA

Ahora que las vacaciones de Semana Santa se han agotado y se vuelve a la "normalidad", si no se para la guerra de forma inmediata (tampoco sería suficiente a corto plazo), se acentuarán los síntomas de la crisis que estamos viviendo y que se hace difícil de comparar con ninguna otra de las más recientes. Tal vez la más parecida sea la de la posguerra, que no recuerdo más allá de lo que me explicaron en casa. Se juntarán las consecuencias de la crisis económica mundial y del cambio climático, agudizadas por la guerra. Faltarán suministros, algunos desaparecerán de los estantes de los mercados, de otros habrá mucho menos, como es el caso del aceite (el de oliva no puede suplir todo el girasol que faltará). Faltarán cereales porque el 40 % viene de Ucrania. Y Argentina, con problemas de diésel, no podrá vender a España los cereales que necesita.

Viviremos un racionamiento determinado por los mercados (ventas limitadas), que ojalá fuera organizado por el estado que, al final, si faltan alimentos básicos, tendrá que hacerlo a través de bonos que aseguren a los hogares el acceso a estos alimentos. Faltarán derivados del cerdo, podrían faltar huevos, animales de ciclo corto (pollos y conejos) y vacuno, en el supuesto de que no se pueda programar donde llevarlos a pacer (lo más probable). Faltará grano y habrá que decidir si se dedica a los humanos o a los animales.

En este sentido, decía Gustavo Duch, experto en soberanía alimentaria, a Pilar Sampietro en *Vida Verda*: "España no tiene ningún problema para producir girasol, trigo o maíz para el consumo humano. Si falta es porque se dedica una buena parte al engorde de los animales monogástricos, cerdos y gallinas. Igual pasa en Cataluña, que necesita importar para satisfacer la demanda de humanos y animales. Tener una industria tan grande de animales no solo está generando un desequilibrio en este modelo de importaciones/exportaciones, sino que también configura el sistema agrario catalán. Si echamos una mirada a este modelo, observaremos que todo está pensado para abastecer a los cerdos (la mayoría de las tierras dedicadas al cultivo de cereales) y no a las personas. Contrariamente, muchas de estas tierras se deberían dedicar al cultivo de legumbres para la alimentación de los humanos. Como no tenemos tierras disponibles, ahora las legumbres, los guisantes, los garbanzos, las judías... los estamos importando. Y tampoco producimos suficientes verduras por la carencia de suelos dedicados a los cerdos para exportar".

Si finalmente el grano se dedica a las personas, como sería lógico pensar, habrá que sacrificar animales de la cabaña. Hecho agravado porque la crisis del diésel impide la producción de grano para alimentar animales en países que habitualmente lo suministran a España. Es el caso de Argentina que provee buena parte de la soja necesaria para los piensos y porque el 25 % del biodiésel que se consume proviene también de esta soja.

## ¿QUÉ HACER?

Propone Gustavo Duch: "Se tiene que ayudar al campesinado, que permanece ligado de pies y manos a la agroindustria, que está viendo como sus granjas están generando pérdidas, para que se reconviertan en pequeñas granjas, menos vulnerables. Pueden ser fincas donde los cerdos se engorden con los alimentos locales y se establezca un vínculo directo con la agricultura local. Desarrollar estas políticas permitiría en buena parte resolver el problema de los purines y de paso, allá donde había una sola granja, que haya tres. Esta atomización comportaría disponer de más tierras y la llegada de más campesinos, y ya sabemos que repoblar el campo es un buen camino para hacer frente al problema".

Agroecología y soberanía alimentaria es lo que hay que hacer, afirma Marta G. Rivera. Esto implica transformar los modelos de producción y consumo de alimentos. Y no se pueden separar: producción y modelo son inseparables. En el modelo de producción hacen falta cambios de funcionamiento, prescindir de los monocultivos, diversificar, volver a usar grano y semillas locales, aumentar la producción de leguminosas que reducirán la dependencia de los fertilizantes, volver a la ganadería mixta, ciclo de agricultura y ganadería en el mismo territorio, y no separar la ganadería y la agricultura, como ha hecho la agricultura industrial.

> No hay que separar la ganadería y la agricultura, como ha hecho la agricultura industrial

Reconfigurar toda la agricultura y la ganadería catalana y española. Se puede hacer, es viable. Pero si no se reduce el consumo de carne, no haremos nada. Como tampoco si no se reduce el desperdicio del sistema alimentario. En caso contrario, continuaremos dependiendo de las tierras de otros países.

La pregunta es ineludible: ¿podría la transformación alimentaria satisfacer las necesidades como lo ha hecho la agroindustria? ¿Se podría sustituir el actual sistema con una organización agroecológica?

Responde Marta G. Rivera que se podría si mengua la demanda. Es imposible garantizar el consumo actual de alimentos, fundamentalmente de carne, con un sistema agroecológico. Otros países podrían producir carne para nosotros pero supondría importar, es decir, quemar combustibles fósiles, inaceptable si se quiere combatir el cambio climático. Y no sería agroecología que exige no depender de insumos externos. La agroecología busca la máxima eficiencia energética en el proceso productivo y en un diseño que esté de acuerdo con los principios ecológicos de la naturaleza: retorno energético, diseño y calificación del paisaje. Además, tiene que fijar carbono en el suelo, y la agricultura con cambios en el funcionamiento y en las dietas alimentarias, podría llevarlo a cabo.

Para conseguirlo hay que superar diferentes barreras, la primera es la mental. Hace falta un cambio de mentalidad.

# EPÍLOGO

Escribe Pino Delàs en la revista *Sobirania alimentària* el 25 de marzo de 2022: "La gente que vivimos del campo y del ganado no tenemos miedo del decrecimiento y, en cambio, sí que nos da temor el abandono y el deterioro de los ecosistemas que posibilitan nuestra actividad. Por el contrario, las grandes empresas solo ven salida en la mejora de la tasa de beneficios a base de incrementar las desigualdades y dejar de asumir, si hace falta, los límites biofísicos del planeta.

Defender el trabajo agrario ante el capital es crucial para imaginar y garantizar una alimentación segura y sana en nuestros pueblos y ciudades. Entre nosotros no existe el campesinado bueno y malo. Existimos quienes trabajamos la tierra y quienes la creen dominar. Hay que atender la realidad social del campo, gestionar las contradicciones, construir alternativas verosímiles y apoyar las luchas campesinas inequívocamente. Los campesinos hemos empezado un periodo de movilizaciones largo y habrá oportunidades para la lucha compartida. Tejer una alianza del ecologismo con el movimiento por la soberanía alimentaria, con los campesinos, sería una semilla esperanzadora".

# El gran riesgo de negar o manipular la evidencia

**El autoengaño no sirve frente a una crisis global de proporciones devastadoras para todo el planeta. El autoengaño se alinea con los intereses económicos de las élites del poder, que se anteponen a la vida. Unas élites que logran crear el espejismo de que luchan contra el cambio climático, pero en realidad solo defienden sus intereses.**

La cumbre de la OTAN del mes de junio de 2022, celebrada en Madrid, terminó con una redefinición de sus conceptos estratégicos (objetivos), que claramente se pueden calificar de belicistas: 1) Rusia es la amenaza más directa y significativa (en 2010 era un amigo) para la seguridad, la paz y la estabilidad en el área euroatlántica. 2) China es un desafío sistémico a los intereses, la seguridad y los valores de la Alianza. 3) La profundización de la alianza estratégica entre China y Rusia, con los intentos complementarios de debilitar el orden internacional basado en reglas, va en contra de nuestros valores e intereses (los de la OTAN). 4) Los vecinos del sur de la OTAN, en particular Oriente Próximo, el norte de África y las regiones del Sahel, afrontan desafíos demográficos, económicos, políticos y de seguridad, que, agravados por el cambio climático y el hambre, ofrecen un terreno fértil para la proliferación de grupos armados no estatales y organizaciones terroristas.

La cumbre se hizo, y no es un dato menor, cuando se multiplicaban las voces que advertían de que es inevitable que Ucrania pierda la guerra —el propio Jens Stoltenberg, secretario general de la OTAN, dijo el 12 de junio que pronto el gobierno ucraniano se vería obligado a pedir la paz—. Incluso en Estados Unidos la idea de la derrota va arraigando. Al presidente Biden no le funcionan las políticas que propone. Seis meses después de haber empezado la guerra, y habiéndose gastado 8.000 millones de dólares de los 40.000 de los que dispone, crece su impopularidad y ya es peor valorado que Trump. Por lo general, los estadounidenses no están dispuestos a pagar las consecuencias económicas. Por ejemplo, un 78 % de los demócratas están dispuestos a pagar más por el combustible, por tan solo un 44 % de los republicanos.

Pero aún más, en los aliados europeos, la crisis energética derivada de la guerra ha causado que la Comisión Europea haya dicho a sus miembros que reduzcan un 15 % el consumo del gas.

Por el contrario, en los países del Este europeo, con la excepción de la Hungría de Viktor Orbán,[1] víctimas recientes de la ocupación rusa, les gustaría intensificar una guerra que no quieren perder por su manifiesta enemistad con Rusia.

En cualquier caso, las consecuencias de la declaración de la OTAN, además del incremento de la tensión y de instalar la idea de la confrontación armada en el cerebro de la gente (Macron ha anunciado la recuperación del servicio militar obligatorio), significa aumentar el presupuesto militar como mínimo hasta el 2 % del PIB. Ahora, formalmente, la inversión se corresponde al 1 % del PIB y está previsto aumentarlo en un 0,2 % hasta 2025. Pero para

[1] Orbán vaticina que Ucrania "nunca ganará" la guerra y que la paz será en 2024. https://www.elperiodico.com/es/politica/20220723/orban-vaticina-ucrania-perdera-guerra-14150268.

saber el presupuesto militar real no se debe buscar tan solo en la cartera de Defensa sino que está camuflado en las partidas de otros ministerios. Así, y según los datos del Stockholm International Peace Research (SIPRI), el gasto militar español aumentó un 5,6 % en 2021 (19.500 millones de dólares) para situarse en el 1,4 % del PIB. Si se quiere llegar al 2 %, es necesario aumentarlo en un 0,6 % del PIB (1.000 millones ya comprometidos a descontar). Y no descartamos partidas tan bien escondidas que no se han podido detectar. Formalmente, un 2 % del PIB supondría una inversión en el área militar de 22.000 millones de euros. Para hacernos una idea, el presupuesto en Trabajo es de 30.000 millones.

> La CE ha dicho a los países miembros que reduzcan un 15% el consumo de gas a raíz de la guerra

Sea como fuere, aumentar el gasto militar casi siempre ha significado reducir las partidas que se preocupan por la vida de las personas y no las que investigan cómo matarlas. Por ejemplo, protección del medio ambiente y emergencia climática, salud/sanidad, educación, protección social, pensiones, vivienda, servicios comunitarios. Es decir, lo que la socialdemocracia más progresista llamaba «Estado del Bienestar», y que no era otra cosa que redistribuir parte de la riqueza y pagar el reparto, expoliando al sur global y en especial África. Este expolio no solo perdura sino que funciona más que nunca, empleando la violencia, apropiándose de los recursos y empobreciendo a habitantes y estados (no a las castas dirigentes) sin preocuparse del futuro de los desposeídos.

Veremos cómo se concretan los recientemente aprobados presupuestos en España, calificados como los más "progresistas", y si son eficientes para encajar el dinero que debería servir para poner la vida en el centro, con la obligación aceptada de aumentar la capacidad de matar. Así de entrada, un oxímoron.

## EL MENSAJE DE DAVOS

En Davos, Suiza, se reúnen cada año las élites del capitalismo político y económico del norte, financiero, especulador, gobernante, con la intención de imponer sus criterios de presente y futuro al resto de los habitantes del planeta. Están trabajándose el porvenir que desean para sus intereses hegemónicos, dominadores, excluyentes, *necropolíticos* [Achille Mbembe define la *necropolítica* como el poder del que disponen las élites gobernantes para dar la vida o la muerte] explicando, predisponiendo y finalmente imponiendo, la sociedad que tienen prediseñada a políticos, *influencers, lobbies,* sociedad civil domesticada, siervos y compañeros de viaje, para que participen de la construcción de su sociedad del futuro.

> La Agenda de Davos pretende hacer desaparecer los estados y la democracia tal y como los conocemos

Un primer objetivo de la Agenda 2020/2030 escrita en Davos es hacer desaparecer los estados y la democracia tal y como los conocemos. Una idea que después se repetirá cuando hablemos del informe *Horizon* presentado por la gestora de patrimonios del grupo suizo Pictet (Pictet Wealth Management, Pictet WM).

El objetivo, pensando en 2030, es ir transformando los componentes de los gobiernos, que de ser formados en exclusiva por políticos elegidos, mutarían a una mezcla de políticos y representantes de las grandes corporaciones (económicas, financieras, energéticas, agroalimentarias...) controladas por las élites. La idea sería que la política no pueda tomar ninguna decisión sin el visto bueno del mundo económico dominante. Ahora ya está pasando y de lo que se trataría es que no pudiera funcionar de otra forma. Así cambiaría el concepto de estado del que formarían parte sin tener que ser escogidos, los representantes de las grandes corporaciones (élites) que, de hecho, tomarían su control. En realidad es llevar al extremo el modelo norteamericano (recordemos al presidente Eisenhower, un general, hablando del control que ejercía el complejo militar/industrial).

La primera cosa que hacer para conseguirlo sería/es desprestigiar a los gobiernos para que no tengan fuerza/credibilidad para oponerse, lo que es, en estos momentos, público y notorio. Os pongo un ejemplo, y da igual si es verdadero, mentira, inventado, *fake*, porque estamos hablando de influencia, objetivos, resultados y no de conocimiento: según una nueva encuesta del Instituto de Política de la Universidad de Chicago, la mayoría de los estadounidenses dicen que el gobierno es corrupto y casi un tercio dice que en breve será necesario tomar las armas contra él. Os dejo el enlace.[2]

Simultáneamente, se ejercería un gran control de la ciudadanía y de la sociedad. Las amenazas globales (pandemias, guerras, la falta de energía y recursos, la emergencia climática) y el mundo digitalizado (controlado por quienes fabrican el dinero y son los dueños de la mal llamada seguridad) así lo permitirían y lo harían posible (de hecho, ya lo están haciendo) en aras de la esperanza y la seguridad, aunque sea (y será) sacrificando la libertad. (Y no debemos olvidar que, por mucho que bramen, no hay seguridad sin libertad.)

Para llevar adelante el proyecto, necesitan controlar todo el dinero, que no haya dinero físico de origen público fabricado por los estados que permita a la ciudadanía vivir, moverse sin control. Y la mejor manera de conseguirlo es digitalizando el dinero: todo plástico, todo apuntes contables fáciles de hacer desaparecer. De esta forma, la ciudadanía no solo no podrá hacer nada que no esté controlado por las grandes corporaciones emisoras, sino que su comportamiento estará sometido a evaluación permanente y constante, de modo que su capital podrá ser bloqueado, hecho desaparecer, tan solo con un «apagado" de la tarjeta:

[2] https://thehill.com/homenews/3572278-nearly-one-in-three-americans-say-it-may-soon-be-necessary-to-take-up-arms-against-the-government/.

que te comportas mal, multa; muy mal, retirada temporal del acceso a tu dinero hasta que rectifiques públicamente y te redimas; que eres un enemigo del régimen gobernante, retirada de la tarjeta; que eres subversivo, los elimino para siempre. Pero no solo eso, si tienes una visión alternativa que se contrapone a la de las élites, se te acusará de estar desinformado y desinformando a las personas, perjudicando el futuro de la mayoría y también se te podrá "apagar".

Todo mensaje que no coincide con los intereses de la UE se considera desinformación

La norma básica es de la UE y viene a decir: todo aquel mensaje que no coincida con las necesidades e intereses de la UE, se considerará desinformación y se actuará penalmente en su contra. La norma es lo suficientemente ambigua como para ser interpretada y/o ejecutada arbitrariamente.

Algunos datos sobre el decreto del Gobierno español: 'Estrategias de desinformación'. Orden PCM/1030/2020, de 30 de octubre, aprobado por el Consejo de Seguridad Nacional.[3]

Según el decreto, la Comisión Europea define la desinformación como información verificablemente falsa o engañosa que se crea, presenta y divulga con finalidad lucrativa o para engañar deliberadamente a la población, pudiendo causar perjuicio público. En este perjuicio público, incluye las amenazas a los procesos democráticos y a los bienes públicos como la salud, el medio ambiente o la seguridad, entre otros. Se dice que el objetivo de las actuaciones será apoyar el fomento de la información veraz, completa y oportuna, que provenga de fuentes contrastadas de los medios de comunicación y las Administraciones en el marco de la comunicación pública.

¿La pregunta es, dejando de lado la mala fe, son de fiar las actuaciones descritas? ¿Cuáles son los criterios que se utilizan para asegu-

[3] https://www.boe.es/buscar/doc.php?id=BOE-A-2020-13663.

rar que la información es veraz, completa, contrastada y oportuna? ¿Dónde y cuáles son las garantías de actuación justa y no partidaria? ¿Son criterios similares a los aplicados para no hacer caso a las alertas científicas sobre la gravedad del cambio climático, de la emergencia que vivimos?

Les facilito un listado de alertas climáticas, indiscutibles para los científicos, evidentes en la vida cotidiana, de las que no solo se ha informado mal, sino también con mala fe: Calentamiento global. Crisis energética: *peak* de los combustibles fósiles (al gas le falta poco). Degradación/destrucción de la biosfera. Pérdida crítica de la biodiversidad. Sobreexplotación/degradación de los ecosistemas. Traspaso de nuevas fronteras para obtener más recursos: Crisis del agua. Crisis de los alimentos: los suelos sometidos a temperaturas extremas y a la falta de agua, degradados y sobreexplotados, son cada vez menos productivos. Recursos cada vez más escasos debido al aumento de su uso y a vivir en un planeta finito: utilizamos más recursos que son limitados. Explotación/expolio del sur global al que el norte roba los recursos para asegurarse la propia supervivencia, sean cuales sean sus consecuencias. No se aplica la Justicia Global: en ningún caso (élites al margen) en el sur y reduciéndose aún más y rápidamente en el norte. Transferencia de dinero de los más pobres, que cada vez lo son más, hacia los más ricos que acumulan más y más. El cambio climático favorece la desposesión.

Aumentan las migraciones y las personas que mueren después de abandonar su casa: en los campos de concentración, en el desierto, en los caminos hacia nuevos destinos, en el mar. *Necropolíticas:* capacidades de las élites de decidir quién muere y quién vive.

Mantra que no puede discutirse: el crecimiento es imprescindible. No existe alternativa al crecimiento que precisa el sistema económico, el capitalismo, para prosperar/sobrevivir. El capitalismo es el único sistema económico y es inevitable. Salud planetaria: ¿ha oído decir a *lobbies*, financieros, inversores, élites capitalistas, que el capitalismo mata? Vean datos de contaminación, calentamiento, desastres climáticos, pérdida de agua y alimentos, procesos migratorios, y sabrán el número creciente de víctimas mortales evitables.

En definitiva, ¿les han hablado de que vivimos en un planeta finito, de los límites planetarios? Entonces, ¿por qué creer que la persecución de *fakes*, informaciones alternativas, otras maneras de observar el mundo, son interesadas y con fines malignos? ¿Cómo podemos saber, con los antecedentes de gobiernos y élites, que las actuaciones no serán ideológicas, para satisfacer intereses económicos, interesadas, a beneficio de minorías, en favor de las élites que nos gobiernan?

¿Habéis oído decir a las élites capitalistas, que el capitalismo mata?

Fíjese bien, para evitar que nos "engañen" nos están prohibiendo el debate democrático, esencial para el progreso de la vida humana en libertad.

Y no tenga duda, porque los datos así lo acreditan, todo esto es lo que las élites (Davos) están ensayando en los Cyber Polygons de 2019, 20 y 21. Más seguridad: sacrificar la libertad. Más control: miedo. Más colonización del cerebro: persuasión.

## INVERSORES

Como decíamos unas líneas antes, la división de gestión de patrimonios del grupo suizo Pictet (Pictet Wealth Management, Pictet WM) explica en su nuevo informe *Horizon* que la pandemia obligó a los gobiernos a intervenir para restringir masivamente la economía y las libertades individuales en interés de la salud pública. Ahora entraríamos en una segunda fase, en la que la transición ecológica avanzará asociada a la creación, "retorno" se dice en el informe, de un "Gran Gobierno" global que limitará las libertades económicas. *Horizon* achaca la culpa al capitalismo, que habría provocado cuatro grandes externalidades negativas en los últimos cincuenta años: el cambio climático, que está destruyendo la biosfera, obstáculos crecientes para acceder a una atención sanitaria de primer nivel, la disminución de la eficacia de los sistemas educativos públicos, y desigualdades de riqueza y renta, asociadas a la polarización social.

Y añade que, por tanto, habría que aumentar las inversiones en los capítulos que sitúan la vida, las personas, en el centro de las actuaciones, lo que se contrapone a los recortes que se derivan de los procesos de militarización. Y las élites, con el poder delegado a los militares, no lo proponen *gratia et amore*, sino que quieren un beneficio máximo: mantener las riendas del poder, aparentando que hay un giro, pero creando un espejismo lo bastante potente para camuflar que el cambio no es real y que no estamos viviendo el mismo capitalismo de siempre. (Todo cambia para que no cambie nada.)

Y así se configuraría el "Gran Gobierno", donde estarían las grandes corporaciones industriales, militares, financieras, que gobernarían sin pasar por las urnas, en favor de sus intereses y objetivos (no los de la mayoría) y otorgarían a los gobiernos formalmente elegidos el papel de comparsas. Todo convenientemente aliñado para que la gente (que perderá la condición de ciudadano) pueda comprar la nueva cosmovisión, tragarse los marcos de interpretación, y obedecer.

Pictet es una de las gestoras de patrimonios de mayor prestigio del mundo y, por tanto, está en contacto con poder auténtico. Dispone de activos por un valor superior a los 650.000 millones de euros. No es de extrañar que hagan propuestas y consideraciones coincidentes con las del Foro Económico Mundial. No hay que menospreciar, por tanto, que anticipen las intenciones de los gobiernos que cortan el bacalao de querer restringir las libertades para combatir el calentamiento. Es un indicador indiscutible del catastrófico problema que vivimos, la crisis climática, social y económica que ya está entre nosotros y que amenaza la propia continuidad y perpetuación de las élites.

Y es aquí donde anida la amenaza, en las propias élites que quizás sí quieren un cambio de rumbo pero es un cambio supeditado —no nos cansaremos de decirlo— en su reproducción y posicionamiento en la cúpula del poder. Y si las cosas no van bien —y no les irán bien porque los límites planetarios son los que son y las soluciones tecnológicas no funcionan ni de milagro—, entonces decidirán repartir los recursos disponibles calculando cuántas personas caben en función de la disponibilidad y el nivel de vida que quieren para ellas. Es decir, decidir quién puede vivir en el nuevo sistema y quién sería expulsado o no se le permitiría entrar.

De hecho, está ocurriendo. Miremos los muertos que causan los procesos migratorios procedentes del sur global en los campos de concentración (le llaman refugiados pero...): Sáhara, Mediterráneo, ruta a Canarias, y vallas Ceuta, Melilla, este de Europa o frontera de Estados Unidos por poner algunos ejemplos. O con los conflictos que se impulsan para asegurar los recursos —petróleo, gas, uranio, minerales críticos, tierras fértiles, agua...— que proporcionarán territorios convertidos en estados fallidos. O en el proceso de desposesión que comporta el cambio climático, que está transfiriendo el dinero de los más pobres a los más ricos (no todo el mundo tiene las mismas oportunidades de responder al clima extremo). O en el proceso de empobrecimiento que se está generando en las sociedades del norte con la disminución de la calidad y la esperanza de vida. Vigente en el sur... y en el norte.

## POLÍTICOS Y LUCHA CONTRA EL CAMBIO CLIMÁTICO

"No podemos dejar por más tiempo que los poderosos decidan lo que es la esperanza. La esperanza no es pasividad. La esperanza no es bla,

bla, bla. La esperanza es decir la verdad. La esperanza es actuar." Así se refería la activista sueca Greta Thunberg a la actitud de los políticos y la gente con poder ante la emergencia climática. Hay que darle la razón. Desde la política, además de las críticas despectivas hacia ella, ha abundado el bla, bla, bla. Muchas palabras y poca acción.

Ha habido políticos que han dado el salto de la negación de la responsabilidad humana en el cambio climático a aceptarla. El ex primer ministro español Mariano Rajoy pasó de decir, en 2007, que un primo suyo científico le había dicho que era imposible predecir el cambio climático y que no podía convertirse en "un gran problema mundial" a considerar, en 2015, que "es el mayor reto medioambiental al que nos enfrentamos". Boris Johnson, ex primer ministro británico, también ha hecho el mismo camino y de decir que atribuir el calentamiento del planeta a la acción humana "carece de fundamento científico", cuando era alcalde de Londres, pasó a acabar aceptando la necesidad de luchar por mitigarlo, cuando ya era primer ministro. La líder de la ultraderecha francesa, Marine Le Pen, ha pasado de ser negacionista a proponer que se combata el cambio climático cerrando las fronteras a los migrantes.

Políticos que negaban la responsabilidad humana en el cambio climático, ahora la aceptan

Sin embargo, hay políticos que siguen empeñados en negar la evidencia. El ex primer ministro brasileño Jair Bolsonaro, el expresidente de Estados Unidos, Donald Trump, y dirigentes de la extrema derecha europea como el español Santiago Abascal o el austríaco Thierry Baudet insisten en negar lo que los científicos han constatado desde hace muchos años. En ocasiones no son los políticos sino los jueces —como la mayoría conservadora del Tribunal Supremo de Estados Unidos— quienes ponen trabas al combate contra el cambio climático prohibiendo a la Agencia de Protección Ambiental que regule las emisiones de gases de efecto invernadero (GEI) de las centrales eléctricas.

En Cataluña y España tenemos leyes de cambio climático repletas de buenas palabras que no se han traducido en acciones valientes y contundentes. El riesgo es, ahora, que al "bla, bla, bla" de los políticos que denuncia Thunberg se añada el retroceso ante la precariedad de suministro energético causado por la guerra en Ucrania. El 70 % de la energía eléctrica de la India, el tercer país más contaminante del mundo, procede del carbón. Su primer ministro, Narendra Modi, ha puesto como fecha de cero emisiones el año 2070, dos décadas más tarde que Estados Unidos.

Recuperar y potenciar ahora el carbón como fuente energética, como algunos países están haciendo, es un nuevo paso atrás. Los dirigentes europeos acaban de dar luz verde a la consideración del gas y energía nuclear como fuentes verdes de energía. Pero no solo eso. La UE, para demostrar a Putin que no tiene posibilidades de ganar la guerra, ha decidido relajar el control de las emisiones para compensar la carencia de gas ruso con otras fuentes de energía más contaminantes.

Bruselas considera imprescindible recuperar la producción en carbón e incluso incentivarla con subvenciones públicas. Es decir, que es preferible declarar la guerra a la biosfera y a todos los seres que la habitamos que retroceder ante Putin. Un asesinato, un suicidio.

La lucha contra el cambio climático pierde así batalla tras batalla. Y son los políticos europeos, supuestamente entre los más avanzados en la lucha contra el cambio climático, quienes han adoptado esta decisión, los responsables de esa peor que derrota porque nos conduce a la autodestrucción, al colapso, a la desaparición: a la muerte.

## MEDIOS Y SOCIEDAD

Los medios deben ser plataformas iluminadoras que desentrañen la complejidad y la hagan entender a sus públicos. Es necesario que den respuestas emancipadoras sobre los eventos, con el objetivo de que los ciudadanos tomen las mejores decisiones posibles a lo largo de sus trayectorias vitales. Más aún: tienen la obligación de facilitar el diálogo, la paz, y defender a los que no tienen voz, señalando las injusticias.

En términos generales, muy pocas de estas obligaciones se están cumpliendo. Televisiones, radios y periódicos —*on* y *off line*— conjuntamente con las redes sociales, incumplen el rol que deberían desempeñar en cualquier sociedad democrática. Por el contrario, se han convertido en una potente herramienta de distracción masiva, que fragmenta, aísla, anula la capacidad crítica, distorsiona el debate y, al mismo tiempo, roba la atención —y por tanto, el tiempo— de los individuos.

La sociedad civil y los propios ciudadanos han perdido el control de los contenidos y de la agenda pública, que establece y jerarquiza lo importante, descargándolo de lo que no lo es. Solo en contadas ocasiones determinados movimientos sociales logran marcar la agenda informativa y política.

En la nueva sociedad digital, las noticias se convierten en mercancía. Esto significa que el elemento más importante de una información es el número de clics que obtendrá. No es que antes, durante la sociedad analógica, los periodistas no hicieran caso de lo que quería el público, pero lo cierto es que existía un cierto equilibrio entre el interés público y el interés del público, que no siempre coinciden. En la actualidad se han superado todos los umbrales. Los contenidos se adaptan en exceso a lo que quiere escuchar la gente: las informaciones pasan por la criba de la amabilidad y, a veces, incluso se endulzan para que no angustien ni agobien.

Se reconoce este año en el mismo informe anual sobre medios digitales, que publican conjuntamente la agencia de noticias Reuters y la Universidad de Oxford, respecto a la información sobre crisis climática y calentamiento global. Mayoritariamente, la gente huye de estos contenidos y los editores "suavizan" la información científica y la hacen más "amable".

La sociedad digital no quiere saber qué hay más allá de su zona de confort, aunque de ello depende la supervivencia de todos. No quiere "mirar arriba", si nos permite, querido lector, un símil con la película dirigida por Adam McKay y protagonizada por Leonardo DiCaprio y Jennifer Lawrence. Más allá de la sátira, hay un hecho suficientemente significativo que evidencia el filme: la importancia de la gestión y procesamiento de los datos masivos que se extraen de nuestros ordenadores, móviles y otros aparatos —a menudo sin nuestro permiso— para prever nuestra conducta.

La capacidad de procesamiento de la que disponen las grandes tecnológicas nos conduce a un cambio radical de paradigma. Por un lado, ya no importa el porqué de los acontecimientos (saber el porqué de las cosas emancipa) sino que lo que realmente es relevante es el "qué" de los sucesos. Qué sucede. Qué está ocurriendo en un momento determinado y cuáles son las correlaciones que se establecen con un hecho para poder prever, como decíamos, futuras conductas. Ahora bien, la correlación no establece certeza alguna, sino únicamente una probabilidad. Por eso en la película *Don't look up* todo se va al garete.

El cambio de enfoque, es decir, la sustitución de la verificación de la hipótesis como metodología científica, por la probabilidad de la certeza de un hecho o conducta, cambia nuestra percepción de ver y entender el mundo. Cada vez existen más ejemplos de eventos en los que no nos preguntamos sus causas. Veámoslo.

En el momento de escribir este artículo, nuestro territorio había sufrido tres olas de calor, ¡una de ellas en el mes de mayo! Sin embargo, pocos medios habían evidenciado y dimensionado adecuadamente los porqués, las consecuencias respecto a la soberanía alimentaria y qué acciones deberían emprenderse para mitigar el choque climático. No iba más allá de destacar la inmediatez del riesgo de incendios, la necesidad de protegerse de los golpes de calor y el ahorro de agua.

Todo ello, cuestiones muy importantes, pero al fin y al cabo se rehuía la explicación de las causas, las consecuencias, las posibles soluciones y lo más importante: el análisis de un fenómeno para que se entienda y se dimensione adecuadamente. Si esto no se hace, es que no interesa lo que sucede. Se niega la evidencia.

> El autoengaño había funcionado para sobrevivir. Ahora ya no sirve

Vivimos, pues, en la sociedad del autoengaño. Y si bien en otras épocas el autoengaño había funcionado para sobrevivir, ahora no sirve frente a una crisis global de proporciones devastadoras para todo el planeta. El autoengaño se alinea con los intereses económicos de las élites, que se anteponen a la vida. El autoengaño nos aleja de la necesidad de tomar conciencia de lo que sucede realmente. De entender correctamente el alcance de lo que está pasando para remediarlo.

Así opera una parte del sistema de dominación. Y la mayoría de los medios de comunicación reproducen ese esquema. Pero hay otros. Otro mecanismo de control funciona creando narrativas que distorsionan y que se envuelven como una madeja en torno a la certeza de un hecho. Cuando esto ocurre se estimula la duda y se crea una limitación: la imposibilidad de llegar a la verdad de un hecho porque ésta es interpretable. Por eso todo se cuestiona. Cuando los hechos se ponen en duda porque la verdad depende de quien la dice, entonces se tiende a considerar como cierto lo que al individuo le gustaría que lo fuera o que, simplemente, siente que lo es.

Como decíamos, el paradigma ha cambiado radicalmente. Si antes bastaba con separar los hechos de las condiciones que los creaban para revelar el posible engaño, ahora debe demostrarse la certeza de unos hechos a los que se acusa de ideológicos (se entiende ideología como un sistema de creencias más allá de la política: también incluye valores e incluso la forma de entender el mundo y de razonar).

Cuando decimos que una ola de calor es "excepcional" establecemos un marco de interpretación de la realidad que nos dice que lo que está pasando es una excepción, que no es común. Pero tachar de situación "excepcional" las sucesivas oleadas de calor (que también suceden en otros lugares del planeta) contradice lo que están diciendo los científicos desde hace tiempo, que estos fenómenos serán cada vez más frecuentes, duraderos e intensos, como se está demostrando. Sin embargo, las autoridades que aparecen en los medios de comunicación siguen empeñadas en distorsionar la realidad, y sus declaraciones se reproducen sin cuestionarlas. Al hacerlo, se desmiente por omisión la evidencia científica.

Esencialmente, así funciona el autoengaño o lo que algunos autores como Robert Proctor, definen también como "construcción social de la ignorancia" —ignorancia entendida como lo que no es cierto—. Cuando se activa este fenómeno, la certeza de los hechos se disuelve y, en consecuencia, nos desconectamos de la realidad.

Más aún. A esta ceremonia de la confusión se le añade la reivindicación de la ignorancia en contraposición a las argumentaciones de científicos, investigadores, académicos o simplemente, personas expertas en determinados fenómenos o sucesos. Esto ya lo advirtió Ortega y Gasset en su ensayo *La rebelión de las masas* escrito en 1929. El espíritu del hombre masa —aquel que se cree con el derecho a imponer su criterio, a pesar de que sepa y lo considere vulgar— no ha hecho más que crecer y desarrollarse de tal modo que hoy en día no solo el hombre digital se sabe ignorante, sino que incluso proclama y reclama por las redes su derecho a la barbarie.

De todos nosotros depende si queremos seguir sometidos a la minoría de edad autoimpuesta o preferimos, como ciudadanos adultos y libres, escuchar la realidad, entenderla y remediarla, cueste lo que cueste. De si preferimos mirar a otro lado o cumplir con nuestro deber de ciudadanos y exigir actuaciones inmediatas. Sea en el ámbito que sea. Únicamente de nosotros depende ser individuos obedientes con la cabeza gacha o ciudadanos responsables y exigentes con los derechos, pero también con los deberes. Nos va en ello nuestra supervivencia.

## EPÍLOGO

La crisis social, no solo la emergencia climática o energética, es tan grave que científicos, gente de rebelión científica (ecólogos, ambientólogos, divulgadores) de reconocido prestigio, hartos de mentiras, palabras vacías, de la inacción política y económica, fueron reprimidos el 6 de abril de 2022, y algunos de ellos detenidos por la Brigada Antiterrorista el 16 de junio, por manifestarse en el Congreso de los Diputados donde hicieron una pintada que se podía borrar (sangre falsa y biodegradable hecha con agua y remolacha).

Cuando la ciencia es reprimida y perseguida por no expresar el pensamiento oficial, a la mente nos viene la inquisición. Hechos que creíamos del pasado y que vuelven y son noticia de hoy. Muy peligroso.

Para explicitar hechos como los descritos, vale la pena recoger el final de la entrevista que Juan Bordera y Ferran Puig Vilar hacían el 21 de julio para la revista digital *CTXT*[4] a Dennis Meadows, uno de los autores del premonitorio informe de hace cincuenta años, *Los límites del crecimiento.* Y utilizamos este último párrafo porque explicita todo lo que hemos escrito y acaban de leer. Dice así: "Creo que veremos más cambios en los próximos veinte años que los que hemos vivido en los últimos cien. No quiero que pase lo que voy a decir, pero creo que es lo más probable: habrá desastres significativos debido al caos climático y el agotamiento de los combustibles fósiles. Esto devolverá a la huma-

[4] https://ctxt.es/es/20220701/Politica/40230/Dennis-Meadows-crecimiento-limitas-colapso-crisis-ecologica-decrecimiento.htm.

nidad a estados más descentralizados y desconectados. Lentamente, evolucionarán culturas más preparadas para la situación. Solo así, creo, podrá aparecer una 'nueva cosmología' apropiada".

## REFERENCIAS


Andrejevick, M. (2009) Critical Media Studies 2.0: an interactive upgrade. *Interactions: Studies in Communication and Culture* 1 (1).

Converse, P.E. (1964) The nature of belief systems in mass publics. *Critical Review* 18: 1-74.

Gerring, J. (1997) Ideology: A definitional analysis. *Political Research Quaterly* 50 (4): 957-994.

Hamilton, M.B. (1987) The elements of the concept of idelology. *Political Studies* 35: 18-38.

Higgins, K.(2016) Post-truth: a guide for perplexed. *Nature* 540: 9.

Kinder, D. R. (2006) Belief systems today. *Critical Review* 18: 197-216.

Klapper Joseph, *The effects of mass communication*, Nueva York: Free Press, 1960 (trad. cast.: *Efectos de las comunicaciones de masas.* Madrid: Aguilar, 1974).

Knight, K. (2006) Transformations of the concept of ideology in the Twentieth Century. *American Political Science Review* 100 (4): 619-626.

Latour, B. (2004) Why Has Critique run out of Steam? From Matters of Fact to Matters of concern. *Critical Inquiry* (30) 2.

## Títulos publicados

### Narrativas

**Adaptación a utopía**
*Daniel Yacubovich*

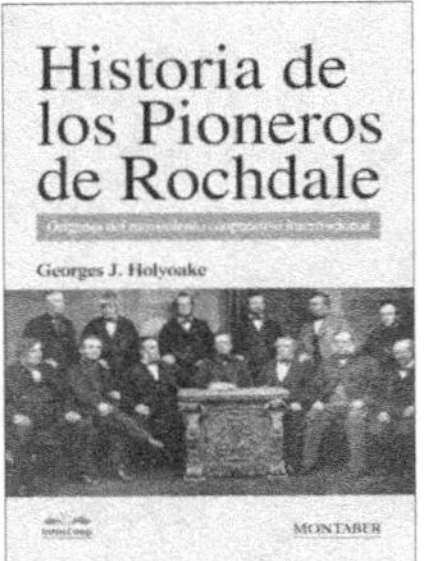


**Historia de los Pioneros de Rochdale**
*Georges Jacob Holyoake*

**Imperio y abismo. El declive del mayor imperio del mundo**
*Pere Coll*

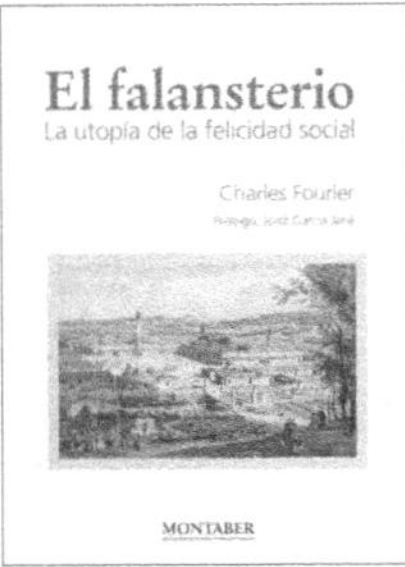


**El Falansterio**
*Charles Fourier*

**El planeta del foc**
*Martí Olivella Solé*

**La insurrección en Dublín**
*James Stephens*

**Cuentos de Bagdad**
*Glòria Arimon*

**La Patrulla Pesquera**
*Jack London*

**Una partida de ajedrez**
*Stefan Zweig*

## Crítica y ensayo

**Gráfica cooperativa en Barcelona. Iconografía del cooperativismo obrero (1875-1939)**
*Marc Dalmau*

**En guerra por la vida. Crisis climática y transformación social**
*Josep Cabayol i Virallonga*

**AutoDefensa Noviolenta (#ADNcat) en 100 mensajes y una historia increíble**
*Martí Olivella Solé*

**El entramado**
*Christian Ferrer*

**Los estudios culturales**
*Fredric Jameson*

**El fin de las pequeñas historias**
*Eduardo Grüner*

**La cooperación entre el alumnado**
*Sylvain Connac*

**Cerebro, inteligencias y mapas mentales**
*Zoraida G. de Montes, Laura Montes G.*

**Apocalipsis**
*Karl Kraus*

www.ingramcontent.com/pod-product-compliance
Lightning Source LLC
LaVergne TN
LVHW010059170826
845678LV00012B/2187

* 9 7 8 8 4 1 9 1 0 9 5 5 2 *